Pâques de la sainte Russie

Du même auteur

Les Arcanes de l'histoire. Dualpha, 2002

Saint-Germain, le maître du temps. Dualpha, 2002

Les Portes du passé. Dualpha, 2004

Les Secrets du chancelier. Dualpha, 2005

Agartha, les chevaliers de l'invisible ou La légende du roi du monde. Équilatéral, 2008

Histoire insolite des cafés parisiens. Perrin, 2011

Noëls de la sainte Russie. Via Romana, 2014

Pâques de la sainte Russie

présentées par Gérard Letailleur

illustrées par Françoise Pichard

VIA ROMANA

Couverture : Daniel Lordey & Françoise Pichard.

5, rue du Maréchal Joffre, 78000 Versailles
06.87.53.96.45 – via.romana@yahoo.fr

Diffusion – distribution : Salvator

ISBN 978-2-37271-033-6

À ma fille Mathilde,

Ces Contes de Pâques de la sainte Russie.

En les découvrant, elle constatera que les personnages qui les animent, sous leur apparente naïveté, ne se limitent pas à enchanter et charmer l'imaginaire. Leur courage, leur honnêteté, leur patience et leur foi, leur permettent de surmonter vaillamment les épreuves, et leurs vertus ne sont jamais oubliées.

Ces contes, par leur magie, lui révéleront que ce que l'on rêve a le pouvoir non seulement de réveiller les temps évanouis, mais aussi de ressusciter la beauté cachée au fond de notre âme.

Je remercie mon épouse Françoise pour son soutien.

Sa passion pour la culture russe et ses conseils m'ont aidé dans la réalisation de ce recueil qui permettra, j'en suis sûr, à nos amis lecteurs de goûter la saveur de ces récits chatoyants et profonds.

G.L.

« Le soir, j'écoute des contes et je comble ainsi les lacunes de mon éducation.

Quelle merveille que ces contes ! Chacun d'eux est un poème !… »

ALEXANDRE POUCHKINE
(Lettre à son frère Lèv, novembre 1824)

Préface

À travers maintes altérations où se mêlent éléments chrétiens et superstitions païennes, les contes populaires russes forment un vaste univers remontant aux temps les plus reculés. Liés à la vie, aux idées, aux coutumes, ils constituent un ensemble d'une surprenante expression à l'instar des bylines[1]*, où le génie épique se transcende. Les bylines chantent les combats de la Russie contre le tartare, le païen, en valorisant les faits d'armes des chevaliers légendaires, véritable courant national que l'on retrouve dans les « Romans de la Table Ronde » des Celtes et les « Nibelungen » des Germains. Hier encore, dans les contrées du Nord sibérien, les conteurs de bylines, de village en village, déclamaient sur un ton de mélopée, accompagnés de leur gousli*[2]*, ces poèmes en prose vantant le courage des preux guerriers d'antan.*

Depuis le temps des Tsars, les conteurs ont récité ces belles légendes féeriques que l'esprit russe habite, avec la riche palette de ses couleurs, son sens

[1] De *bylo*, le passé.

[2] *Gousli* : très ancien instrument russe à cordes pincées apparenté à la cithare.

du mouvement, ses nobles sentiments et parfois sa charmante naïveté. Unissant la mythologie slave à l'histoire nationale, le merveilleux aux traditions ancestrales, elles ont franchi les siècles, tel un génie bienfaisant veillant sur l'âme de son peuple. Il n'est pas rare d'y rencontrer, en tant que personnage principal, un jeune héros timide, honnête, accessible à la pitié, acceptant la morale sociale et religieuse tout en poursuivant ses rêves chimériques, qui se trouve confronté, au fil des sagas, des fables, des épopées, à des entités diaboliques symbolisant la revanche des instincts sur la règle et celle de l'individu sur la société. Il croise parfois des êtres dotés de pouvoirs mystérieux, d'objets usuels recélant des forces magiques tel un chapeau rendant invisible. Dans certaines histoires, un bestiaire fantastique intervient : un cheval personnifie le soleil, un oiseau-sirine[1] devient le messager du bonheur, un loup, un ours, un lièvre, un renard, un corbeau aident le valeureux à surmonter les épreuves auxquelles les puissances du mal l'opposent. Leur aspect déconcertant, comme celui des dragons, renforce la part de l'enchantement en frappant les imaginations. Telle fut celle du tout jeune Alexandre Pouchkine, attentif aux histoires merveilleuses que lui contait sa nourrice Arina Rodionovna, modeste fille de moujik illettrée, le soir, avant de s'endormir. On devine l'intérêt que le génial enfant devait accorder à ces moments privilégiés, véritable source d'inspiration d'une œuvre appelée à donner à la littérature russe une dimension exceptionnelle.

Parmi tous les recueils de contes recensés à travers le monde, il en est peu pour lesquels l'abondance et la naïveté rivalisent avec ceux de l'ancienne Russie. On dirait que, reléguées dans ces contrées froides et enneigées, ces vieilles traditions s'y sont conservées plus pures, plus complètes. Elles ajoutent une page des plus curieuses à l'histoire de l'esprit humain et nous permettent d'étudier sur le vif le jeu de la plus puissante de nos facultés, celle qui, en nous affranchissant de l'espace et du temps, nous tire de notre état primaire et nous ouvre l'infini : l'imagination. C'est dans les contes qu'elle règne sans partage, qu'elle établit son idéal de justice. Elle donne envie de rêver aux plus jeunes, elle ouvre leur âme à un souffle de

---

[1] *Oiseau-sirine* : oiseau mythique à corps d'oiseau de paradis et à tête de femme.

poésie, les empêche de ne croire qu'à ce qu'ils touchent, et les indigne contre les méchants pour qu'un jour il leur reste un peu de répulsion contre l'injustice et la violence alors même qu'elle ne les atteint pas.

Il semble que chaque peuple ait reçu de Dieu un rôle dont il ne peut sortir. La Grèce a eu en partage le sentiment et le culte de la beauté, les Romains ont créé l'ordre et le règne de l'administration ; l'Inde quant à elle est à l'origine de nos contes, légendes, fables, fabliaux, nouvelles qui ont fourni la trame de ces récits que chaque peuple a agrémentés à son goût : l'Orient a donné le thème primitif, l'Occident en a tiré les variations.

En Russie, ces récits des premiers âges qui ont séché tant de larmes et fait battre tant de cœurs ont été portés par la langue russe, accentuée et incantatoire, propice à leur mémorisation et à leur transmission. Ils ont abordé de nombreux thèmes liés à la nature et aux secrets de l'inconscient humain.

Les contes que nous avons choisis dans ce recueil ont pour dénominateur commun la belle fête de Pâques empreinte d'un symbolisme omniprésent dans la culture russe. Depuis le Xe siècle, époque où les premiers slaves s'installèrent entre la haute Volga et le Dniepr, la commémoration de la résurrection du Christ a pris peu à peu le pas sur les célébrations païennes du printemps, du renouveau de la nature, moment exceptionnel où la terre se débarrasse de son linceul glacé, où les forêts retrouvent leur magnificence et les ruisseaux leur limpidité.

Chez les orthodoxes, Pâques revêt une ampleur importante. La fraternité commandée par notre Seigneur devient la loi de tous. Le riche est invité à donner aux plus pauvres, à ouvrir à deux battants la porte de sa maison, à répandre son or et sa bonté. Sur les tables, les mets savoureux disparaissent. On s'abstient de préparer les riches pâtisseries remplacées par le koulitch, la brioche traditionnelle. La simplicité apparente de la fête contraste avec les ornements sacerdotaux aux couleurs vives et brillantes rehaussés d'or qui accompagnent dignement les barbes et les longs cheveux des popes. Les rites religieux ont lieu en ces églises où trône l'iconostase ornementée avec goût, dont la vigueur des coloris, la finesse esthétique, attestent la maîtrise du geste des artistes alliée à la puissance imaginative du peuple russe.

La richesse de la culture nationale est omniprésente à chaque instant lors des cérémonies pascales. Les contes, à leur manière, participent à sa représentation. Ils rappellent le génie avec lequel les plus grands écrivains russes couchèrent sur papier ces récits légendaires transmis tout d'abord oralement de génération en génération. Ces artistes incomparables, tels Pouchkine, Tolstoï, Dostoïevski, Tchékhov, Kouprine, pour notre plus grand plaisir aujourd'hui, surent prêter une oreille attentive aux vieilles babouchkas heureuses de leur dévoiler ce qu'elles portaient en elles depuis leur plus tendre enfance et, convaincus de la fonction éducative et édifiante des contes, ils se sont plu à transmettre et à créer de nouveaux récits.

Ces œuvres approchent le mystère pascal par la puissance cathartique des morales qui en découlent à l'instar du « Conte du pêcheur et du petit poisson » d'Alexandre Pouchkine, où l'on rencontre un petit poisson, symbole christique par excellence, aidant un brave vieux pêcheur à surmonter ses épreuves et à punir l'avidité de sa vieille femme.

Nous retrouvons dans ces textes le thème de la renaissance et le mystère de la résurrection. L'histoire de « La petite poule chamarrée » en est l'illustration. En pondant un jour un œuf en or, elle désespère ses malheureux maîtres. Que faire d'un tel œuf? À leurs yeux il ne figure que le trépas. En revanche, en leur promettant d'en pondre d'autres, de vrais œufs, avec le blanc (symbole de la santé) le couple reprend espoir : c'est l'espérance de la vitalité (nourriture) et de la prospérité (poussins). Le récit montre le triomphe de la vie sur la mort. La poule, médiatrice entre ces deux états, appartient à ce bestiaire magique à l'origine de nombreux contes. Elle contribue, par sa présence, à renforcer la part du merveilleux et donne à l'histoire sa dimension fabuleuse.

Il en est de même de l'Oiseau de feu, cette créature fantastique se jouant du temps qui passe, qui est paré d'un plumage somptueux dont les teintes carmin, orangé, jaune, irradient la lumière, et dont une seule plume éclaire le simple mortel confronté aux mystères du monde, tel le tsarévitch Ivan dans sa quête à travers le temps et l'espace. Tel le phénix renaissant de ses cendres, il symbolise le retour cyclique des saisons, de la vie après la mort, et manifeste ainsi l'immortalité et la résurrection.

Si la vie triomphe de la mort, il n'est pas aussi évident de voir le bien sortir victorieux des griffes du mal, surtout lorsque le diable lui-même prend un « malin » plaisir à intervenir. Dans certains contes, on le voit préparer des méfaits, ourdir des complots, se livrer aux pires machinations et trouver à la dernière seconde, malgré ses échecs, matière à rebondir à l'instar de cette histoire mettant en scène un saint homme détaché des choses matérielles : Satan décide de lui offrir de l'or, des joyaux, des mets royaux, le pouvoir pour le détourner de l'amour qu'il porte à Dieu et à ses semblables. Tel un serpent, il tourne autour de sa victime jusqu'au moment où il se retrouve devant la main du saint homme. L'ascète profite de l'inattention de l'autre pour faire le signe de croix. Marqué par ce symbole, Satan s'affole et se résigne. D'après sa loi il devra désormais suivre le saint homme durant trois ans… Cette légende intitulée « Le diable et les œufs de Pâques » nous rappelle une des grandes traditions pascales en Russie : la mise en couleur rouge des œufs durant la semaine sainte. Précisons que le même mot, dans la langue russe, est utilisé pour désigner la qualité du « beau » et la couleur « rouge ». Un des œufs ainsi peints est béni par le pope, et déposé au retour de l'église devant l'icône de la maison. L'œuf y restera toute l'année jusqu'à la Pâque suivante, remplacé ensuite par un autre. On constate alors que celui-ci s'est vidé de son contenu ; n'ayant plus que sa coquille, il est devenu tout léger à l'instar du tombeau du Christ retrouvé vide après la résurrection du Sauveur. Il n'est pas rare, dit-on, d'entendre parfois un étrange bruit de grelot à l'intérieur de la coquille…

Pendant les fêtes de Pâques, on roule des œufs pour s'amuser et, lors de la visite au cimetière, rituelle en cette période, ils sont roulés sur les tombes, puis enterrés. L'œuf, symbole de l'embryon de la vie, l'est aussi de la croissance, et de la rénovation périodique de la nature. Il manifeste la résurrection et l'espérance, c'est ainsi que renaît Vassilissa-la-très-sage dans le conte de « La Princesse-grenouille ».

Le moindre sujet simple, apparemment naïf, recèle un sens profond où se révèle pleinement l'univers de l'imaginaire slave, comme une des versions de l'évocation des malheurs d'un petit pain rond nommé « Kolobok », où le conteur explique à sa façon les croissants de lune, l'apparition et la disparition de l'astre nocturne. Dans l'histoire, la petite boule appétissante née d'un peu de farine tombe et roule ; grignotée tour à tour par un lièvre, un loup, un ours (animaux lunaires), elle est finalement avalée par un renard (on dit que le renard est le premier animal à saluer le soleil à son lever...), manière d'illustrer les différentes phases de la lune qui permettaient de mesurer le temps et organisaient la vie agricole ; cet astre étant soumis aux lois de la naissance et de la mort, son importance symbolique est évidente.

Rappelons qu'en Russie la fête de Pâques est célébrée le premier dimanche à partir de la première pleine lune suivant l'équinoxe de printemps, selon le calendrier julien.

Nous convions, à présent, nos amis lecteurs à nous rejoindre en ce monde intemporel où l'enfance demeure éternelle, à s'approcher de l'énorme poêle calé sur son socle de bois au cœur de notre isba, à prendre place auprès de la communauté villageoise qui s'y trouve déjà, et à écouter Babouchka raconter les légendes de sa sainte Russie dont certaines rappellent l'attachement du peuple russe à la foi chrétienne.

Les bûches crépitent, le chat ronronne, l'eau commence à bouillir dans le samovar, il est temps de nous rendre de l'autre côté du miroir...

Gérard Letailleur

Conte du pêcheur et du petit poisson

Alexandre Pouchkine

Il était une fois un vieux et sa vieille qui vivaient tout au bord de la mer bleue. Ils vivaient dans une chaumière depuis trente et trois ans écoulés.

Il pêchait en ses filets, elle filait sa quenouille. Il lança, certain beau jour, son filet loin dans la mer. Son filet ne revint que chargé de vase.

Une autre fois encore il lança loin son filet, et le filet revint chargé des algues marines. Une troisième fois il lança loin son filet, et le filet revint avec un petit poisson d'or, qui d'une voix très humaine se mit à supplier le pêcheur.

— Ô toi, bon vieux, laisse-moi m'en retourner dans la mer. Je te donnerai rançon belle, pour me racheter. De moi tu peux obtenir tout ce que dès lors tu désires.

Le vieillard s'étonna, s'effraya. Depuis trente et trois ans écoulés qu'il pêchait, il n'avait ouï dire qu'un poisson parlât. Il relâcha le poisson d'or avec des paroles amènes.

— Dieu soit avec toi, petit poisson doré ! De ta rançon je n'ai nul besoin. Retourne dans la mer bleue, en elle promène-toi, librement.

Le vieux revint près de la vieille et lui conta le grand prodige.

— J'ai pris aujourd'hui, dit-il, un merveilleux poisson d'or, qui parlait bien tout comme nous, demandant que je le laisse retourner dans la mer bleue ; et m'offrant bonne rançon : pour rachat il donnait que soient comblés nos désirs. Et je n'ai pas osé lui demander rançon. Je l'ai tout simplement rejeté dans la mer.

La vieille se mit alors à gronder :

— Imbécile que tu es, grand benêt qui ne sais pas tirer rançon du poisson d'or ! Au moins tu aurais dû lui demander une auge, tant la nôtre est cassée.

Voici le vieux qui s'en vint tout au bord de la mer bleue. Il vit que sur la mer bleue une houle s'était levée, légère, et fort il appela le petit poisson doré, qui vers lui nagea et demanda :

— Que veux-tu de moi, bon vieux ?

Avec un profond salut, le vieux lui répondit alors :

— Ayez pitié de moi, Monseigneur le poisson. La vieille m'a grondé, la vieille ne me laisse plus de repos ; il lui faut une auge neuve, tant la nôtre est cassée.

— Ne te chagrine pas, lui répond le poisson. Va, et que Dieu te garde ! Vous aurez l'auge neuve.

Le vieux revint près de la vieille. Elle avait maintenant l'auge neuve.

Se mit alors la vieille à le gronder plus fort.

— Imbécile que tu es, grand benêt qui ne sus obtenir qu'une auge ! Y a-t-il grand profit dans une auge ? Retourne auprès du poisson d'or, salue-le, puis demande une isba.

Voici le vieux qui s'en vint tout au bord de la mer bleue. Il vit que sur la mer bleue le trouble des eaux grandissait. À haute voix, il appela le petit poisson doré, qui vers lui nagea et demanda :

— Que veux-tu de moi, bon vieux ?

Avec un profond salut, le vieux alors lui répondit :

— Ayez pitié de moi, Monseigneur le poisson. La vieille gronde plus encore, la vieille ne me laisse plus de repos, la vieille veut une isba.

— Ne te chagrine pas, lui répond le poisson. Va, et que Dieu te garde ! Qu'il en soit donc ainsi, vous aurez une isba !

Le vieux s'en alla vers la chaumière, mais de la chaumière il ne restait plus trace : devant lui se dressait l'isba, l'isba avec une chambre, une cheminée de brique blanchie à la chaux, une porte de chêne.

La vieille, assise à la fenêtre, l'injuria tant qu'elle put.

— Imbécile que tu es, grand benêt qui n'a su obtenir qu'une isba ! Retourne saluer le poisson d'or. Je ne veux plus être simple paysanne, je veux être noble dame !

Voici le vieux qui s'en vint tout au bord de la mer bleue. Sur la mer bleue, le calme n'était plus. À haute voix il appela le petit poisson doré, qui vers lui nagea et demanda :

— Que veux-tu de moi, bon vieux ?

Avec un profond salut, le vieux alors lui répondit :

— Ayez pitié de moi, Monseigneur le poisson ! La vieille est encore plus folle, la vieille ne me laisse plus de repos. Elle ne veut plus être simple paysanne, elle veut être noble dame.

— Ne te chagrine pas, lui répondit le poisson. Va, et que Dieu te garde !

Le vieux revint près de la vieille. Et que vit-il ! Un grand manoir, et, sur le perron, la vieille richement vêtue d'un manteau de zibeline. Sa tête était coiffée de brocart, des perles ornaient son cou ; aux doigts, des bagues en or ; aux pieds, des bottes rouges. Devant elle se pressaient des serviteurs diligents. Elle les battait, les tirait par les cheveux.

Et le vieux dit à la vieille :

— Salut à toi, grande dame. Sans doute, maintenant ton âme est satisfaite ?

Mais la vieille lui jeta pour toute réponse des injures, et l'envoya servir à l'écurie.

Passa une semaine, puis une autre. La vieille devint plus folle encore.

De nouveau vers le poisson d'or elle envoya le vieux.

— Retourne saluer le poisson d'or. Je ne veux plus être noble dame, je veux être libre tsarine.

Le vieux s'effraya et la supplia.

— T'es-tu, vieille, bourrée de jusquiame ? Comme il sied aux tsarines, sais-tu marcher et parler ? Tout ton empire se moquera de toi.

La vieille gronda plus encore et le frappa à la joue.

— Comment ! Tu oses, moujik, discuter avec moi, avec moi qui suis noble dame ? Va-t'en au bord de la mer. Sur l'honneur ! Si tu ne veux, on t'y traînera de force !

Le vieux s'en vint vers la mer. Noire était devenue la mer bleue. À haute voix il appella le petit poisson doré, qui vers lui nagea et demanda :

— Que veux-tu de moi, bon vieux ?

Avec un profond salut, le vieux alors lui répondit :

— Ayez pitié de moi, Monseigneur le poisson ! La vieille est encore révoltée. Déjà plus ne veut-elle être noble dame, mais libre tsarine.

— Ne te chagrine pas, lui répond le poisson. Va, et que Dieu soit avec toi ! La vieille sera tsarine.

Le vieux revint près de la vieille. Et devant lui se dressait un palais impérial. La vieille, en tsarine, était assise à la table. Des boyards et des nobles la servaient, lui versaient des vins d'outre-mer. Elle buvait, elle mangeait des pains épicés. Autour d'elle, se tenait sa garde menaçante, la hache sur l'épaule. Voyant cela, le vieux s'épouvanta. Il s'inclina jusqu'à terre et dit à la vieille :

— Salut, ô tsarine terrible ! Sans doute, maintenant ton âme est satisfaite ?

Mais la vieille vers lui ne tourna pas même son regard. Elle ordonna simplement qu'on le chasse de ses yeux.

Accoururent nobles et boyards qui poussèrent le vieux par les épaules, et le bousculèrent, et de leur hache les gardes le frappèrent à la porte.

Et la foule de se moquer :

— Bien fait pour toi, vieux manant ! À l'avenir, souviens-toi qu'il ne faut pas s'asseoir dans le traîneau qui ne vous appartient pas.

Passa une semaine, puis une autre. La vieille oublia toute raison. Elle envoya ses courtisans rechercher son mari. On retrouva le vieux, on l'amena auprès d'elle.

— Retourne, lui dit la vieille, saluer le petit poisson. Je ne veux plus être libre tsarine, mais souveraine de la mer, vivre dans la mer-océane, et je veux que le petit poisson me serve et qu'il fasse mes commissions.

Le vieux n'osa point contredire, il n'osa proférer une parole là contre.

Voici le vieux qui s'en alla tout au bord de la mer bleue. Il vit une noire tempête se jouer sur la mer bleue. Courroucés, les flots allaient et venaient et hurlaient. À haute voix il appela le petit poisson doré, qui vers lui nagea et demanda :

— Que veux-tu de moi, bon vieux ?

Avec un profond salut, le vieux alors répondit :

— Ayez pitié de moi, Monseigneur le poisson ! Que puis-je faire avec ma maudite vieille ? Qui ne veut être tsarine, mais souveraine de la mer, vivre dans la mer océane. Elle veut que vous-même la serviez et fassiez ses commissions.

Le petit poisson, sans répondre, frappa l'eau de sa queue et s'enfonça dans les profondeurs de la mer. Le vieux longtemps resta au bord ; il attendait une réponse, et, n'en recevant pas, le vieux revint près de la vieille. Mais devant lui que vit-il ? Sa chaumière, et sur le seuil, la vieille assise, et devant elle une auge brisée.

D'après E. Vivier-Kousnetzoff, Paris, R. Kieffer, 1925.

Conte du pope et de son serviteur Balda

Alexandre Pouchkine

Il était un pope, pope de peu de cervelle. Ce pope se rendait au marché, pour acheter différentes choses.

Il rencontra Balda ; allant où ? Balda ne le savait lui-même.

« Pourquoi, pope, dit-il, t'être levé de si bonne heure ? Que cherches-tu ?

Et le pope de répondre :

— Je cherche un serviteur, qui, tout à la fois cuisinier, cocher et charpentier, ne soit pas trop cher. Où trouver pareil serviteur ?

Balda de répliquer :

— Je te servirai bien, avec zèle et très exactement, pour trois chiquenaudes par an à te donner sur le front. Quant à la nourriture, sers-moi de l'épeautre cuite.

Le pope de réfléchir, de se gratter le front. C'est qu'il y a chiquenaude et chiquenaude... Mais Russe, il décida de s'en remettre au hasard.

— Bien, dit le pope à Balda, nous n'y perdrons ni l'un ni l'autre. Viens vivre dans ma maison, montre ton zèle et ton habileté. »

Balda vécut dans la maison du pope. Il dormait sur la paille, mangeait pour quatre, travaillait pour sept. Dès avant l'aube, tout entrait en danse. Il attelait le cheval. Il labourait le champ. Il allumait le poêle, faisait toutes les provisions et s'il cuisait un œuf, l'épluchait en même temps.

La femme du pope de se louer de Balda. La fille du pope de se soucier de Balda. Le fils du pope de l'appeler « Petit père ». Balda prenait soin de l'enfant, il préparait sa bouillie. Seul, le pope n'aimait pas Balda, jamais il ne lui adressait de paroles amicales.

Souvent, il pensait à l'échéance. Le temps passait ; l'heure en était proche. Le pope ne mangeait, ni ne buvait, ni ne dormait des nuits et des nuits. À l'avance son front tressaillait.

Et d'avouer tout à sa femme :

« Il en est ainsi... et ainsi... Que reste-t-il à faire ?

En ruses de toutes sortes, les femmes ont l'esprit inventif, fertile.

— Pour écarter de nous cette calamité, je connais un moyen, dit la femme du pope. Ordonne à Balda quelque travail qu'il ne puisse accomplir. Exige que point par point il l'exécute. Tu mettras ton front à l'abri du châtiment et tu laisseras Balda sans paiement. »

Au cœur du pope revint la gaieté. Avec aplomb, il regarda Balda et voici qu'il lui cria :

« Eh là ! Viens ici, Balda, mon fidèle serviteur. Écoute, les diables ont promis de me payer un tribut jusqu'à l'heure de ma mort. Je n'aurais pas besoin de meilleur revenu, mais ils ont après eux trois ans d'arrérages. Dès que tu seras rassasié d'épeautre, va lever tribut complet à tous les diables. »

Sans vainement discuter avec le pope, Balda de s'en aller et de s'asseoir au bord de la mer. Là, il prit une corde et, trempant le bout dans la mer, la fit tourner entre ses doigts.

Voici que de la mer sortit un vieux diable.

« Pourquoi te fourres-tu chez nous, Balda ?

— Eh bien, je veux rider la mer avec cette corde et faire se tordre votre race maudite.

Du vieux diable, alors, s'empara la mélancolie.

— Dis-moi, pourquoi pareille disgrâce ?

— Comment, pourquoi ? Vous ne payez pas le tribut. Vous oubliez les délais assignés. Je me divertirai tout à l'heure de façon qui vous gênera fort, chiens que vous êtes.

— Mon cher petit Balda, attends, avant que de rider la mer. Tu recevras bientôt un tribut complet. Attends, je vais t'envoyer mon petit-fils. »

« Il me sera facile de tromper celui-là », se dit Balda.

Le diablotin envoyé sortit de l'eau et, comme un jeune chat affamé, il se mit à miauler.

« Bonjour, Balda, mon petit moujik. Quel tribut te faut-il ? Nous n'avons jamais entendu parler de tribut. Pareils ennuis n'ont encore frappé les diables. Mais d'accord pour le tribut ; à cette condition, cependant, et de notre consentement commun, pour qu'à l'avenir personne n'ait sujet de se plaindre : que celui de nous qui le plus vite fera le tour de la mer, lève un tribut complet. Pendant ce temps, là-bas on préparera le sac.

Malicieusement, Balda se prit à rire :

— Qu'as-tu donc imaginé ? Comment pourrais-tu te mesurer à moi ? À moi, Balda lui-même ! Quel adversaire me fut envoyé ! Attends un peu, mon petit frère ! »

Balda se rendit au bois le plus proche. Il attrapa deux lapins qu'il fourra dans un sac, puis s'en retourna vers la mer et retrouva le diablotin.

Balda tenant par les oreilles l'un des lapins :

— Danse un peu au son de notre balalaïka ! Toi, diablotin, tu es encore trop jeune, trop faible pour te mesurer à moi. Ce ne serait que temps perdu. Dépasse d'abord mon petit frère. Un, deux, trois, rattrape-le !

Diablotin et lapin s'élancèrent, le diablotin tout au long de la mer, le petit lapin vers son terrier, dans la forêt.

Voici qu'ayant parcouru tout le tour de la mer, le diablotin accourt, tirant la langue, levant son petit museau, tout essoufflé, tout trempé, s'essuyant avec ses pattes, croyant avoir vaincu Balda.

Mais, tiens ! Balda caresse son petit frère !

« Mon bien-aimé petit frère ! Tu es fatigué ! Pauvre petit ! Repose-toi, mon chéri ! »

Le diablotin resta muet. Serrant sa queue entre ses jambes, il se tint immobile et, lançant des regards sournois au petit frère :

« Attends, dit-il, je cours chercher le tribut. »

Il alla trouver son grand-père et lui dit :

« Malheur ! Le petit frère de Balda m'a dépassé à la course. »

Le vieux diable réfléchit alors longuement ; mais Balda fit un tel tintamarre que la mer entière en fut troublée, que les vagues se mirent à danser. Le diablotin sortit.

« Allons, assez, mon petit moujik ! Nous allons t'envoyer tout le tribut. Écoute seulement. Vois-tu ce bâton ? Choisis n'importe quelle cible. Celui de nous qui jettera ce bâton le plus loin emportera le tribut. Eh bien ! As-tu peur de te disloquer le bras ? Qu'attends-tu ?

— J'attends seulement que passe ce nuage, j'y lancerai ton bâton, et puis, avec vous, les diables, je commencerai la danse. »

Le diablotin effrayé s'en fut chez son grand-père, conter la victoire de Balda. Balda de se remettre à mener grand tapage à la surface de la mer. Balda de menacer les diables de sa corde.

De nouveau, le diablotin sortit.

« Pourquoi t'agiter ? Tu auras le tribut si tu veux…

— Non, dit Balda. À mon tour, maintenant. J'indiquerai moi-même la condition. Mon petit ennemi, je vais te fixer une épreuve. Voyons quelle est ta force. Vois-tu là-bas cette jument baie ? Enlève-la donc et porte-la pendant une demi-verste. Si tu enlèves la jument, le tribut te reviendra ; si tu ne l'enlèves pas, il est à moi. »

Le malheureux diablotin se glissa sous la jument, se roidit, tendit toutes ses forces, la souleva, fit deux pas, et, de tout son long, s'étendit au troisième. Balda lui dit alors :

« Sot petit diable que tu es ! Quelles grimaces fais-tu derrière nous ! Avec les mains tu n'as pu l'enlever ! Eh bien, regarde, moi, je l'enlève entre mes jambes. »

Balda enfourcha la jument et parcourut une verste au grand galop, de telle sorte que la poussière s'élevait en colonnes. Effrayé, le diablotin s'en fut trouver son grand-père, lui conta une telle victoire. Il n'y avait plus à ruser. Les diables rassemblèrent un tribut complet et chargèrent le sac sur le dos de Balda.

Balda s'avança haletant. Le pope, l'apercevant, sursauta, se cacha derrière sa femme, se tordit de frayeur. Balda de le trouver là, de lui remettre le tribut, de réclamer son salaire. Le pauvre pope tendit le front.

À la première chiquenaude, au plafond le pope sauta ; à la seconde, le pope perdit l'usage de la parole ; à la troisième, l'esprit du vieillard déménagea. Et d'un ton de reproche, à chacune des chiquenaudes, Balda répétait :

— Pope ! Pope ! Tu n'aurais pas dû, toi, courir après de si bas prix !

D'après E. Vivier-Kousnetzoff, Paris, R. Kieffer, 1925

Le petit cierge, conte de Pâques

Léon Tolstoï

Cette histoire s'est passée dans une terre seigneuriale.

Il en était des seigneurs d'alors comme de ceux d'aujourd'hui : les uns avaient pitié des malheureux parce qu'ils craignaient Dieu et songeaient à leur heure dernière, les autres étaient des hommes durs qui semblaient nés pour le malheur d'autrui et dont il n'est resté qu'un souvenir amer ; mais plus mauvais encore étaient ces parvenus que la fortune tirait parfois de la valetaille pour les élever au-dessus des autres. Le château dont nous parlons avait pour intendant un de ces parvenus. Le domaine était vaste, le sol fertile, riche en forêts et en prairies bien arrosées, et les paysans qui devaient y travailler y auraient vécu heureux et en parfait accord avec leurs maîtres, si la méchanceté de l'intendant n'y avait mis obstacle.

Il n'était auparavant qu'un simple serf sur un autre domaine ; mais il ne fut pas plus tôt élevé à la charge d'intendant, qu'il foula aux pieds les pauvres paysans. Il avait une famille, composée de sa femme et de deux filles, et depuis longtemps il avait, comme on dit, fait son petit magot. Il aurait pu mener une vie tranquille et aisée à l'abri de tout souci, si la passion de l'envie ne l'avait rendu rapace et cruel.

Il commença par restreindre les franchises des paysans, qu'il surchargea de corvées. Il établit une tuilerie, et hommes et femmes furent astreints à un travail accablant ; il vendait sa brique et en tirait un beau profit. Les paysans, révoltés de se voir ainsi cruellement exploités, essayèrent de se plaindre à leur seigneur ; ils firent exprès le voyage de Moscou, mais le seigneur n'écouta pas leurs plaintes, et loin d'obtenir un adoucissement à leurs peines, ils subirent la vengeance de l'intendant, qui n'avait pas tardé à apprendre leur démarche. Ils eurent à supporter un redoublement d'exactions et de cruautés, et, pour comble de malheur, il se trouvait parmi eux de faux frères qui dénoncèrent leurs compagnons de servitude, de sorte que personne n'osait plus se fier même à son ami. L'inquiétude et l'effroi régnaient partout et la fureur du mal ne faisait qu'augmenter chez l'intendant.

On le craignait comme une bête fauve ; quand il apparaissait dans un village, tout le monde s'enfuyait comme devant un loup ; on se cachait où l'on pouvait pour se mettre à l'abri des brutalités de cet homme.

La peur qu'on avait de lui l'aigrissait encore davantage, excitait son ressentiment et développait dans son cœur une haine profonde. Alors les corvées se multipliaient, les coups pleuvaient de plus belle sur les pauvres martyrs. Souvent un meurtre débarrasse soudain le monde de la présence d'un tel monstre. Cette pensée hantait les paysans, elle faisait fréquemment le sujet de leurs secrets entretiens. Quand ils se rencontraient deux ou trois dans un lieu écarté, le plus décidé se laissait aller à dire : « Souffrirons-nous que cet impie continue à vivre pour nous tourmenter ? Non, finissons-en d'un coup. Ce n'est pas un péché que de tuer un tel démon. »

Un jour de la semaine sainte, l'intendant avait envoyé les paysans à la forêt. Ceux-ci s'étaient réunis en un cercle familier pour prendre leur repas de midi ; la conversation s'engagea sur le même sujet.

« Frères, qu'allons-nous devenir ? disaient quelques-uns d'entre eux ; nous ne pouvons plus vivre ainsi. Le cruel nous foule aux pieds ;

il nous épuise jusqu'à la moelle des os. Nous ne connaissons plus la paix du foyer domestique : jour et nuit, les femmes comme les hommes n'ont plus aucun repos ; il querelle surtout, et pour un rien qui n'est pas à sa guise, il nous fait donner le knout. Semen, le pauvre idiot, est mort des coups qu'il a reçus ; Anisim est encore aux fers ! Qu'est-ce qui nous retient ? Pourquoi ménagerions-nous ce démon ? Il viendra tantôt à cheval, et aura bientôt trouvé un motif pour nous quereller. Si nous sommes des hommes, nous le tirerons à bas de sa monture, et un coup de hache fera son affaire et nous donnera le repos. Nous l'enfouirons comme un chien dans la forêt sans qu'on en retrouve de traces. Avant tout, notre mot d'ordre sera : "Unis comme un seul homme ! Mort au traître !" »

Ainsi parla Vassili Minajev. Il avait à se plaindre plus que tout autre, car il sentait le knout au moins une fois la semaine, et l'intendant lui avait enlevé sa femme de force pour en faire sa cuisinière.

Tel était le plan des paysans tous unis pour se venger.

Vers le soir, l'intendant apparut, en effet ; il promena autour de lui son regard malveillant et trouva aussitôt le grief qu'il cherchait. Contrairement à ses ordres, il y avait un jeune tilleul parmi les arbres abattus.

« Je vous avais dit qu'il ne fallait pas toucher aux tilleuls. Qui est celui qui a coupé ce tilleul ? Son nom, ou tous auront le knout ! »

En même temps son œil allait rapidement d'un groupe de travailleurs à l'autre, pour découvrir celui qui avait commis la faute. Un des paysans lui montra un de ses camarades, nommé Sidor. D'un coup, l'intendant ensanglanta le visage du pauvre homme ; puis, ne voulant pas manquer non plus l'occasion d'exercer sa rage sur Vassili, il le cingla plusieurs fois de sa tartara, sous prétexte que son tas de bois n'était pas aussi grand que ceux des autres.

Les paysans le laissèrent s'en retourner tranquillement chez lui.

Le soir, ils étaient de nouveau réunis. Vassili apostropha durement ses frères.

« Vil troupeau ! leur dit-il, non, vous n'êtes pas des hommes. Unis comme des frères, disiez-vous !... Le tyran se montre... et voilà vos résolutions envolées ! Ainsi firent les moineaux quand ils se réunirent pour conspirer contre le vautour. “Tous pour un ! Mort aux traîtres !” criaient-ils à l’envi. Le vautour fond sur eux, et chacun de s’enfuir derrière les orties. Mais, prompt comme l’éclair, l’oiseau pose sa serre sur l’un d’eux et remonte avec lui dans les airs. Les moineaux épargnés voletaient effarés, en se demandant : “Qui a-t-il pris ? Qui a-t-il pris ? Ah ! Il a pris Vantka. C’est bien fait. Vantka ne méritait pas mieux !” C’est ainsi que vous faites : “Mort aux traîtres !” dites-vous, et chacun s’empresse de trahir ! Quand notre bourreau a frappé Sidor au visage, vous deviez agir comme un seul homme, et nos maux auraient enfin eu un terme. Mais vous, vous criez tant que vous pouvez : “Soyons unis,… mort aux traîtres”, et quand notre bourreau se montre, il n’a plus personne ! »

Maintes fois, les paysans avaient tenu de semblables discours, car cette pensée de se débarrasser de l’intendant en lui ôtant la vie persistait dans leur cœur.

Les derniers jours de la semaine sainte, le cruel intendant fit annoncer qu’on allait semer l’avoine dans les champs seigneuriaux et qu’il fallait immédiatement se mettre à la charrue. Ce fut pour les paysans une nouvelle douleur ; réunis chez Vassili, le jour du vendredi saint, ils parlaient, plus excités que jamais, de leur conjuration.

« Puisqu’il outrage Dieu, en voulant nous faire commettre un si grand péché, disaient-ils, rien ne doit plus nous retenir. Finissons-en avec lui d’un seul coup. »

Piotr Michejev prit à son tour la parole.

C’était un homme tranquille et paisible que Piotr Michejev. Il n’approuvait pas les desseins homicides de ses frères, et secouait tristement la tête en entendant leurs projets criminels.

« C’est un grand péché, leur dit-il, de parler comme vous le faites. Malheur à celui qui cause la perte d’une âme ! C’est un des plus grands crimes. Envoyer une âme à la damnation éternelle, certes, cela vous sera facile ; mais combien la vôtre n’aura-t-elle pas à souffrir ensuite en punition d’un tel crime ? Si l’intendant offense le Ciel par ses forfaits, attendez un jour ou l'autre, il trouvera sa punition. Pour nous, ce que nous avons à faire, c'est de souffrir en prenant patience. »

Une telle douceur excita chez Vassili une colère furieuse.

« Qu'est-ce qu'il marmonne là ? s'écria-t-il. Toujours sa vieille chanson. C'est un grand péché que de tuer un homme ! Nous n'avons pas besoin que tu nous le dises : les petits enfants mêmes le savent, mais il y a homme et homme, et Dieu peut-il vouloir que cet impie, cet assassin de ses frères, ce chien maudit continue de vivre ! Quand un chien est enragé, on le tue, pour se préserver de ses morsures. Si nous laissons vivre celui-ci, c'en est fait de nous : ne voyez-vous pas qu'il a médité notre perte ? Si nous commettons un crime, ce sera pour délivrer nos frères, et tous ils prieront pour que cela ne nous soit pas imputé à mal. À quoi sert-il de discuter plus longtemps ? Voulez-vous attendre qu'il nous ait anéantis ?... Quel radotage nous fais-tu là, Michejev ? Crois-tu qu'en allant au travail le saint jour où Notre-Seigneur Jésus-Christ est ressuscité, notre péché sera moindre ?

Michejev répliqua :

« Pourquoi n'irions-nous pas ? Pour moi, si l'on nous y envoie, j'obéirai : ce ne sera pas pour moi que je travaillerai, et Dieu saura bien à qui en faire porter la peine. Avant tout, gardons la crainte de Dieu dans nos cœurs. Voyez-vous, mes amis, je ne prétends pas vous donner des conseils de moi-même, et, si la loi de Dieu nous enseignait qu'un mal peut en détruire un autre, je me joindrais à vous pour agir ; mais Dieu commande tout autre chose. Vous croyez extirper le mal de la terre, mais vous-mêmes vous en gardez les racines dans vos cœurs. Tuer un de ses semblables n'est pas une action sensée : le sang rejaillit sur le meurtrier et lui laisse une trace ineffaçable ; vous croyez dans votre illusion chasser le mal, sans vous apercevoir que c'est le mal qui vous fait agir ; comme dit le proverbe : “Regardez la misère en face, et elle baissera les yeux”. »

Ce discours ébranla l'auditoire. Les uns inclinaient à suivre les sages conseils du pieux Michejev, et voulaient patienter plutôt que de commettre un si grand péché ; les autres écoutaient les excitations de Vassili.

Quand arriva le jour de Pâques, les paysans célébrèrent la fête suivant la vieille coutume. Vers le soir, le starosta, ou ancien du village, se présenta, accompagné des greffiers de la commune seigneuriale, et dit : « Michel Semenovitch, notre haut intendant, ordonne et fait savoir à tous que demain on plantera la charrue dans les champs de Monseigneur pour y ensemencer l'avoine. »

Le starosta et les clercs firent ainsi le tour du village, désignant à chacun l'endroit où il devait semer.

Les pauvres paysans dévorèrent leurs larmes en silence, aucun n'osa tenter une résistance ouverte. Le lendemain, ils se trouvèrent tous avec leur charrue à l'endroit désigné, et l'âme navrée, ils durent se mettre au travail.

Pendant que les cloches sonnaient à toute volée pour la messe du matin, et que, de tous côtés, les fidèles, en habits de fête, se rendaient joyeusement à l'église, Michel Semenovitch, le mauvais intendant, dormait encore d'un profond sommeil ; il s'éveilla assez tard ; à peine hors du lit, il courut voir ce qui se passait dans le domaine, cherchant qui il pourrait quereller. Sa femme était, en compagnie de sa fille, dans le cabinet de toilette.

Devant la maison, un valet les attendait avec la voiture attelée ; les deux femmes y montèrent bientôt pour aller à l'église. Une heure après, elles étaient de retour et Michel Semenovitch rentrait aussi. Une servante avait préparé le samovar, et l'on se mit à table.

Michel Semenovitch prit une tasse de thé, alluma sa pipe et fit appeler le starosta.

« Eh bien ! Comment vont les choses ? lui demanda-t-il ; as-tu exécuté mes ordres ? Les paysans sont-ils à la charrue ?

— J'ai fait comme vous me l'aviez commandé, Michel Semenovitch.

— C'est bien ; t'ont-ils obéi ?

— Tous, je les ai conduits chacun à la place qu'ils doivent labourer.

— Tu les as conduits ! Mais ces fainéants travaillent-ils, au moins ? Va-t'en voir ce qu'ils font, et dis-leur que j'irai tantôt voir moi-même ce qu'ils ont fait. J'entends qu'à deux ils aient fait au moins une dessjatine[1], et gare, si l'ouvrage n'est pas bon. Si je trouve un coupable, ce n'est pas la sainteté du jour qui me retiendra !

— Vos volontés sont des ordres. »

Le starosta allait s'éloigner à la hâte, mais Michel Semenovitch le rappela. Malgré tout, le cruel intendant n'était pas tranquille ; il s'agitait comme s'il eût été sur des épines. Sa langue tournait entre ses dents, il avait encore quelque chose à dire et qui l'embarrassait. Il fit : « En effet ! » et ajouta :

« Encore un mot. Écoute un peu les discours de ces fainéants et tâche de savoir ce qu'ils disent de moi. Si ces marauds tiennent de méchants propos sur mon compte, tu me les rapporteras fidèlement. Ah ! Je les connais, les drôles ! Bien manger et bien boire et s'étendre sur leurs peaux de mouton, voilà ce qu'il leur faut. Qu'on laisse passer le bon moment pour les travaux, cela leur est bien égal. Ainsi donc, écoute bien leurs propos sans en avoir l'air, et rapporte-moi ce que chacun d'eux peut dire. Il faut que je sache tout, jusqu'à la moindre de leurs paroles. Va, ouvre les oreilles et prends garde de me cacher quelque chose. »

Le starosta tourna sur ses talons et remonta aussitôt à cheval pour se rendre auprès des paysans.

La femme de Michel, qui avait tout entendu, s'approcha de son mari d'un air tendre et suppliant. C'était une femme d'un caractère doux et dont le cœur souffrait de toutes les cruautés exercées sur de pauvres paysans ; elle les prenait sous sa protection, et, souvent, elle réussissait à calmer les fureurs de son mari. Elle lui adressa la prière de son cœur angoissé :

« Ami de mon âme, petit Michel, lui dit-elle d'un ton caressant, n'oublie pas que c'est jour de grande fête, le saint jour consacré à Dieu, et ne commets pas un si grand péché. Je t'en prie, mon ami, pour l'amour de Jésus, laisse les paysans libres aujourd'hui. »

Mais Michel Semenovitch ne se laissa pas toucher par les paroles de sa femme ; il répondit avec un rire méchant et en la menaçant du doigt :

---

[1] *Dessiatine* : ancienne unité de mesure de surface. 1 dessiatine = 1,0925 hectare.

« Il y a longtemps que tes reins n'ont senti le fouet, cela se voit ; si tu veux me pousser à bout, tu n'as qu'à te mêler ainsi des choses auxquelles tu n'entends rien.

— Mechenka, mon tendre ami, ne repousse pas mon conseil. Si tu savais le mauvais rêve que j'ai fait ! Tu étais si misérable, si misérable ! Oh ! C'était épouvantable ; je t'en prie, ne force pas les paysans à travailler aujourd'hui, un saint jour de fête !

— Par tous les diables, me laisseras-tu tranquille, sotte femme ! N'abuse pas plus longtemps de ma patience et tais-toi, ou sinon ta large bedaine fera connaissance avec le knout ! Ce sera une autre chanson alors ! »

En disant cela, l'intendant tomba comme un fou furieux sur sa femme et lui appliqua un violent coup sur la bouche avec la tête de sa pipe. Puis il la chassa en lui ordonnant, d'un ton brutal, de faire apporter le dîner.

On lui servit une soupe froide, des piroggis à la viande, un plat de choucroute et de porc rôti, et un pouding à la crème. Il s'en gobergea comme un prince et arrosa le tout d'un bon coup de kirsch. Les piroggis étaient si bons qu'il en mangea même en guise de dessert ; il fit venir ensuite la cuisinière, et, sur son ordre, celle-ci se mit à entonner un couplet joyeux, qu'il accompagna lui-même en pinçant de la guitare à sa façon.

C'est ainsi que cet homme faisait sa digestion, bien dispos, ne se souciant ni de Dieu ni des hommes. Peu à peu ses doigts s'arrêtèrent sur les cordes de l'instrument, et il se mit à plaisanter avec la jolie cuisinière.

Le retour du starosta mit brusquement fin à ce duo. Ayant fait une profonde révérence, il attendit l'ordre de parler.

« Eh bien ! que font ces drôles ? Avancent-ils ? Leur tâche sera-t-elle achevée à l'heure fixe ?

— Ils en ont fait déjà plus de la moitié.

— Et la charrue a passé partout ? Il n'y a point de place oubliée ?

— Je n'en ai point su découvrir. Le travail est bon, ils ont peur et…

— Dis-moi un peu, est-ce qu'ils labourent assez profond en remuant bien la terre ?

— C'est une terre légère, elle s'envole comme de la poussière.

L'intendant se tut un moment, absorbé dans sa pensée inquiète.

— C'est bien, reprit-il, mais tu ne me dis pas ce que les paysans pensent de moi. Ils m'arrangent bien sans doute ? Conte-moi un peu leurs jolis propos.

Le starosta hésitait à répondre, mais l'intendant, avec colère, lui intima l'ordre de parler.

— Je veux que tu me dises tout, s'écria-t-il ; ce ne sont pas tes discours, mais les leurs que je veux entendre. Si tu me dis la vérité, tu auras ta récompense. Mais si tu t'avises de me cacher quoi que ce soit, tu sentiras le knout. Crois-tu que je me gênerai plus avec toi qu'avec les autres ? Allons, Katiuscha, verse-lui un verre d'eau-de-vie pour lui délier la langue. »

La cuisinière obéit, versa un plein verre de kirsch et le tendit au starosta. Celui-ci murmura une santé, avala la liqueur d'un seul trait et essuya ses lèvres en se disposant à répondre. « Advienne que pourra, se dit-il en lui-même. Ce n'est pas ma faute si l'on ne chante pas ses louanges ; puisqu'il veut la vérité, il l'entendra. »

Après s'être ainsi donné du courage, il commença :

« Les paysans murmurent, Michel Semenovitch, ils font entendre des plaintes amères.

— Mais parle donc ! Que disent-ils ?

— Les uns disent que vous ne croyez pas en Dieu.

L'intendant éclata de rire.

— Quel est celui de ces gueux qui dit cela ?

— Tous le disent. Vous vous seriez donné au démon, à ce qu'ils prétendent.

L'intendant eut un nouvel éclat de rire.

— Joli ! très joli ! fit-il. Mais explique-toi sur le compte de chacun individuellement. Que disait Vaska, par exemple ?

Le starosta avait des parents et des amis qu'il voulait ménager, mais quant à Vassili, il était à couteau tiré avec lui depuis des années.

— Vassili, fit-il sans hésitation, jure et tempête plus que tous les autres.

— Bien ; mais parle, je veux que tu me répètes ses propres paroles.

— Elles sont effrayantes : je tremble rien que d'y penser. Il vous menace et dit qu'un homme tel que vous ne peut manquer de finir par une mort violente.

— Peste ! Comme il y va ! Un vrai héros que ce Vassili, fit l'intendant, que cette confidence mettait toujours plus en gaîté. Eh ! Parbleu, que tarde-t-il ? Que fait-il à bayer aux corneilles, au lieu de me rompre le cou de suite ? C'est que probablement le vantard ne trouve pas la chose si aisée. Attends un peu, Vaska, mon petit Vaska, nous reparlerons de cela à nous deux… Passons à un autre… Et ce chien de Tiscka, qu'est-ce qu'il aboie ?

— Tous ont tenu de mauvais discours.

— Oui, mais je te l'ai déjà dit, je veux être renseigné sur chacun en particulier.

— Il me répugne de répéter leurs propos.

— Voyez-vous, quelle délicatesse ! Ah ça ! Parleras-tu à la fin ?

— Ils voudraient que la panse vous crève et qu'on en voie sortir les tripes !

Ce propos provoqua un redoublement de gaîté chez l'intendant, qui riait à s'en tenir les côtes.

— Nous verrons bien qui de moi ou de ces mannequins montrera le premier ses tripes. Qui a dit cela ? Fischka sans doute ?

— Personne n'a dit une bonne parole, tous ont des menaces et des injures à la bouche, c'est à qui en dira le plus.

— Je te crois. Et Pétrouchka Michejev, l'hypocrite, avec ses propos mielleux, m'injurie comme les autres, je pense ?

— Non, Michel Semenovitch, aucun mauvais propos n'est sorti de sa bouche.

— Alors que disait-il ?

— Seul d'entre tous, il restait silencieux. Un fameux original celui-là, vous n'imagineriez jamais ce que j'ai vu ; non, je n'en croyais pas mes yeux.

— Quoi donc ?

— Une chose étrange. Les paysans n'en revenaient pas.

— Bourreau ! Auras-tu bientôt fini de me dire ce que tu as vu ?

— Il labourait sur le flanc de la colline. Comme j'approchais, des accents émus et touchants frappèrent mon oreille. Notre homme chantait un pieux cantique. C'était solennel et merveilleusement beau. Puis, sur le bois de la charrue, entre ses deux cornes, il me sembla voir une petite lumière vacillante...

— Et après ?...

— C'était bien une lumière en effet. Plus j'approchais, plus je la voyais brillante, et je reconnus bientôt... un cierge ! Un de ces petits cierges qu'on vend pour cinq kopecks à la porte des églises. Il était fixé sur le bois de la charrue et sa flamme voltigeait, joyeuse, au souffle du vent. Le paysan, dans son sarrau du dimanche, marchait paisiblement derrière la charrue, et poursuivait son vigoureux labeur en chantant le saint cantique du jour de la Résurrection. Devant moi, il a secoué sa charrue, tourné le soc et recommencé un nouveau sillon, et la petite flamme, si claire, brûlait toujours.

— Que t'a-t-il dit ?

— Un mot à peine. En m'apercevant, il m'a fait souhaiter de bonnes Pâques et s'est remis à chanter.

— Et vous n'avez pas échangé d'autres paroles ?

— Non, je ne savais vraiment que lui dire de son action. Les autres paysans riaient et se moquaient de lui. "Pauvre fou, lui disaient-ils, tu as beau psalmodier, tes cantiques n'empêchent pas que tu travailles aujourd'hui ; il t'en faudra des prières et des pénitences pour te laver de ce péché-là !"

— Et que répondait Michejev ?

— Il s'interrompait, leur répétant les paroles de l'Évangile : "Paix sur la terre et bonne volonté envers les hommes", puis il poussait ses chevaux et recommençait. Et la petite flamme joyeuse se balançait toujours au souffle du vent. »

L'intendant ne riait plus ; il baissait la tête ; la guitare était tombée de ses mains ; une sombre pensée s'était emparée de lui.

Il resta un moment plongé dans un noir silence, puis, ayant congédié le starosta et la cuisinière, il se hâta de se mettre au lit, où on l'entendit pousser des gémissements et s'agiter comme s'il eût eu à tirer d'une ornière un char de foin embourbé. Sa femme vint, tout inquiète, lui demander ce qu'il avait, mais elle eut beau prier et supplier, elle ne put tirer de lui d'autres mots que ceux-là, qu'il répétait constamment :

« Il m'a vaincu ! Quelque chose m'a saisi ; c'est mon tour maintenant ! »

Sa femme lui adressait de tendres exhortations.

« Reprends courage, mon ami, lui disait-elle, lève-toi, et va congédier ces pauvres paysans. Tout peut se réparer. D'où vient qu'un rien peut ainsi t'abattre, toi qui as commis sans broncher tant d'actions effrayantes ?

— Je suis perdu ! Il m'a vaincu, continuait-il en gémissant. Tâche seulement de t'en tirer saine et sauve ; mon chagrin est trop grand pour que tu puisses le comprendre ! »

Et dans l'angoisse de son cœur, le malheureux se tournait et se retournait dans le lit.

Le lendemain il reprit le cours de ses occupations ordinaires ; mais comme il était changé ! Michel Semenovitch était méconnaissable, le chagrin lui rongeait le cœur. Il traîna dès lors sa triste existence en laissant aller les choses à la dérive, et en restant de préférence oisif au logis.

Le seigneur étant venu visiter ses terres, il fit appeler son intendant.

On lui répondit qu'il était malade ; à un nouvel appel il reçut la même réponse, mais il ne tarda pas à savoir que Michel était devenu un ivrogne renforcé, et, du coup, il le dépouilla de sa charge.

Depuis ce moment, Michel Semenovitch mena une vie oisive, et son esprit s'assombrit de plus en plus ; le reste de son avoir s'en alla en boisson, et le malheureux finit par tomber si bas qu'il en vint à dérober à sa femme de vieux draps pour les donner au cabaretier en échange d'un verre d'eau-de-vie.

Les paysans, pour qui il avait été si dur, finirent même par avoir pitié de sa misère, ils lui donnaient de l'argent, pour qu'il pût boire et noyer son chagrin.

Il ne vécut pas longtemps de cette existence bestiale ; au bout d'une année à peine, l'eau-de-vie lui avait donné le coup de la mort.

Trad. Henri Gautier, 1890

L'oiseau de feu et le loup gris

(adapté d'un conte populaire)

Là-bas, très loin dans un royaume, vivait le glorieux tsar Vyslav Andronovitch avec ses trois fils : Dimitri, Vassili et Ivan.

Dans sa jeunesse, il s'était montré cruel et peu arrangeant envers son entourage auquel il avait infligé maintes offenses. Avec l'âge, il ne souhaitait qu'à demeurer en repos. Sa seule passion était son jardin où se mêlaient fleurs rares et arbres précieux. Le plus exceptionnel de ces arbres était un pommier qui donnait des pommes d'or. Chaque soir, chaque matin, il les comptait, recomptait, soupçonnant chacun de vouloir les lui dérober. Il en perdait le sommeil et la raison.

Un matin, il s'aperçut qu'une des plus belles pommes avait disparu. Il résolut d'appeler ses fils et implora leur secours.

« Mes jeunes princes, je suis affligé. La nuit, un voleur s'introduit en mon jardin malgré les sentinelles vigilantes qui le gardent. Il faut que cela cesse. À celui d'entre vous qui prendra le voleur, je donnerai de mon vivant la moitié du royaume et le reste à ma mort. »

Les fils jurèrent d'attraper ce brigand, et décidèrent de monter la garde à tour de rôle.

Dimitri fut le premier à surveiller le jardin. La nuit, il se coucha au pied du pommier, armé d'un glaive, prêt à réagir à la moindre alarme et à résister au moindre péril. Il s'endormit et à son réveil constata qu'une pomme manquait. Le tsar l'appela :

« As-tu vu le voleur, mon fils ? As-tu entendu quelque chose ?

— Non, mon père ! Pourtant, toute la nuit j'étais en alerte parcourant les allées, fouillant les taillis, je n'y comprends rien ! »

La nuit suivante, Vassili le remplaça. Ayant sombré dans un sommeil profond, il n'entendit pas le voleur et affirma à son réveil qu'il n'était pas venu.

Puis ce fut le tour d'Ivan. Le vaillant prince s'efforça de rester éveillé. Il marcha sans arrêt, luttant contre le sommeil. À minuit il aperçut une lumière s'approcher du jardin. Elle se propagea et bientôt on y vit clair comme dans la journée. Ivan leva la tête. Un oiseau de feu se posa sur le pommier et en détacha un fruit. Le prince doucement se glissa près de l'arbre et tenta d'attraper l'oiseau par la queue. Ce dernier ne se laissa pas faire. Il se débattit et s'échappa, ne laissant dans la main d'Ivan qu'une plume brillant d'un vif éclat. Le matin suivant, son père l'appela :

« As-tu vu le voleur ? As-tu entendu quelque chose ?

— Oui, mon père, j'ai identifié votre voleur ! »

Ivan montra à son père la plume de l'oiseau de feu. Satisfait, le tsar remercia son fils, mais la crainte du retour de ce voleur l'envahit immédiatement. Il convoqua ses trois fils et leur dit :

« Mes enfants, prenez vos destriers, allez courir le monde, et cherchez cet oiseau de feu, sinon il reviendra un jour voler nos pommes d'or. »

Sitôt dit, sitôt fait. Ils sellèrent leurs plus beaux chevaux, revêtirent leurs armures et se lancèrent dans l'aventure chacun de leur côté.

Ivan, le benjamin, chevaucha de longues heures. Il traversa une grande forêt à la sortie de laquelle, sur une grosse pierre au milieu du chemin, figurait une inscription :

« Celui qui ira tout droit aura faim et soif ; celui qui prendra à droite restera en vie mais perdra son destrier ; celui qui ira à gauche trouvera la mort mais son cheval sera sauf. »

Ivan décida de suivre le chemin de droite. Trois jours plus tard, à la tombée de la nuit, un loup gris attaqua sa monture. Le prince ne put même pas se saisir de son épée tant le loup fut rapide. Le cheval blessé à mort se coucha, Ivan continua sa route à pied. Accablé de fatigue, il finit par s'allonger au bord du chemin espérant reprendre quelques forces.

C'est alors que le loup gris se montra à nouveau :

« Pourquoi es-tu si triste ? lui demanda le loup.

— Comment ne pas l'être ? Sans mon cheval je ne pourrai jamais accomplir le vœu de mon père. Comment vais-je faire à présent ?

— Tu as choisi délibérément ce chemin. Tu savais ce que tu risquais. Mais ne sois pas soucieux, mon maître, dis-moi ce que tu cherches et je promets que je t'aiderai.

— Le tsar mon père m'a demandé de lui ramener l'oiseau de feu qui pille son jardin.

— Ce n'est pas avec ton destrier que tu y arriveras. Moi seul connais l'endroit où vit l'oiseau de feu. Je peux t'aider à le trouver. Monte sur mon dos, agrippe-toi bien et je t'emporterai là où il réside. »

Le jeune prince lui obéit. Le loup gris, comme porté par le vent, fila à une allure folle, traversant monts et vallées, dévorant l'espace, ignorant la fatigue. Au bout d'un temps indéfinissable, le loup arriva devant un grand mur blanc.

« Escalade ce mur, lui précisa le loup. Derrière, tu verras un jardin. Dans ce jardin il y a une cage en or, dans la cage sommeille l'oiseau de feu. À cette heure-ci, les gardes dorment. Prends l'oiseau, mais ne touche pas à la cage ! »

Ivan suivit les directives du loup. Il prit l'oiseau, mais au moment de partir, il se demanda comment l'emporter sans sa cage. « Il risque de s'envoler, se dit-il. De plus elle est si belle… » Il transgressa alors les recommandations du loup et s'empara de la cage. Aussitôt des bruits épouvantables émanèrent de la cage en or. On eût dit que tous les grelots, crécelles et clochettes de Russie avaient décidé de s'agiter ensemble, au même moment. Les gardiens, réveillés en sursaut, s'emparèrent d'Ivan et le conduisirent devant le roi Afron.

« Qui es-tu étranger ? hurla le roi en colère. D'où viens-tu ? Comment oses-tu t'introduire chez moi ?

— Je suis le fils du tsar Vyslav Andronovitch, bredouilla Ivan. Ton oiseau de feu visite chaque nuit son jardin et lui vole ses pommes d'or. Mon père m'a envoyé le chercher… »

Le roi se calma, comprenant la démarche d'Ivan, mais ne voulut pas pour autant laisser partir le jeune prince sans une contrepartie.

« Si tu étais venu me voir normalement, en m'exposant ce que tu viens de dire, je t'aurais donné mon oiseau de feu, t'évitant de passer ainsi aux yeux de tous pour un voleur ! Enfin je veux bien accéder à ta demande et te pardonner, mais avant, tu vas me rendre un service : va au-delà de mon royaume, chez le tsar Koussman. Ramène-moi son cheval à la crinière d'or, je te l'échangerai contre l'oiseau de feu. »

Le prince Ivan n'en menait pas large. Cette mission lui parut irréalisable. Il alla retrouver le loup gris et lui raconta cette nouvelle mésaventure. Le loup le sermonna sans vergogne.

« Pourquoi ne m'as-tu pas écouté ? Je t'avais mis en garde.

— Pardonne-moi, je te le demande ! Ma conduite a été inqualifiable.

— N'en parlons plus, je sais où vit le tsar Koussman. Monte sur mon dos et tiens-toi bien ! »

Le loup gris bondit à nouveau dans l'espace. Les monts, les vallées défilèrent sous les yeux ébahis du prince. Sa monture singulière le mena en quelques minutes chez le tsar, devant les écuries.

« Les gardes sommeillent, mon prince, dit le loup. Va quérir le cheval à la crinière d'or, mais ne touche pas à sa bride ! »

Ivan entra dans l'écurie, prit le cheval par sa crinière d'or, mais au moment de partir, il vit une superbe bride d'or pendue au mur. « Comment mener une telle bête sans bride ? De plus, celle-ci est si jolie !... »

Dès qu'il s'en saisit, vacarme se déclencha. Les gardiens se précipitèrent sur lui et l'emmenèrent devant Koussman terriblement en colère.

« Qui es-tu ? D'où viens-tu ? Comment oses-tu venir la nuit me voler mon cheval ?

— Je suis le prince Ivan, fils du tsar Vyslav Andronovitch, seigneur, répondit-il. Puis il lui expliqua les raisons de son geste.

— Ivan, tu aurais dû venir me trouver honnêtement. Je t'aurais offert mon cheval à la crinière d'or si tu me l'avais demandé. Dorénavant chacun va savoir que le jeune fils de ce tsar n'est qu'un voleur de chevaux ! Écoute, je veux bien te pardonner, même t'offrir ce cheval, sous réserve que tu me rendes un service : traverse mon royaume et ramène-moi la fille du tsar Dalmat, la princesse Hélène-la-Belle. Je te comblerai d'or et d'argent ! »

Ivan alla raconter au loup ce nouveau déboire. Le loup le couvrit de reproches.

« Tu ne m'écoutes jamais, pourquoi as-tu touché la bride ? Je t'avais pourtant prévenu ! Malgré mes conseils, tu n'en fais qu'à ta tête.

Le malheureux prince fondit en larmes.

— Ne pleure plus, mon maître. Monte sur mon dos. Allons chercher la tsarevna. »

Le loup repartit comme le vent, et l'emporta très loin jusqu'à l'endroit où le beau soleil se lève de la mer bleue.

« Cette fois, prince Ivan, j'irai seul ramener la tsarevna. Tu m'attendras ici, à l'orée de ce bois ! »

Le loup s'approcha doucement du rivage et vit la princesse Hélène qui passait en barque d'argent, accompagnée de serviteurs tirant de toutes leurs forces sur des avirons d'or. Il attendit qu'elle accostât, se précipita sur elle, la jeta sur son dos et disparut en un éclair. Il mena sa course folle et arriva où se tenait Ivan.

Il s'arrêta un instant : « Monte vite, cria le loup, nos poursuivants ne sont pas loin ! » Ivan prit Hélène-la-Belle dans ses bras et remonta sur le dos du loup gris.

La tsarevna, apeurée, s'évanouit. Lorsqu'elle reprit connaissance, elle vit Ivan tout près d'elle. Au premier regard, ils s'aimèrent.

À l'approche du royaume de Koussman le jeune prince ne put cacher ses larmes.

« Pourquoi es-tu si triste, prince Ivan ? lui demanda le loup gris. Tu devrais être heureux !

— Ah, mon ami, lui répondit-il. J'aime Hélène ! Je ne pourrai jamais la donner au tsar Koussman !

— Je t'ai promis, mon prince, de te servir. Aussi ai-je décidé de me métamorphoser en Hélène-la-Belle. Tu me remettras au tsar et après avoir récupéré son cheval à la crinière d'or, vous vous enfuirez tous les deux. Je vous rejoindrai après. »

En un éclair, le loup prit l'aspect d'Hélène-la Belle, et Ivan le mena chez Koussman. La transaction se fit comme prévue : Ivan récupéra le cheval et sa bride, laissant le loup auprès du tsar.

Avec son destrier, le prince rejoignit en hâte la véritable princesse et ils se dirigèrent vers le royaume d'Afron. Ils allèrent aussi vite que le vent, et la lune qui s'était levée pour les éclairer roulait dans le ciel comme une roue détachée de son char, elle donnait l'impression de sauter d'arbre en arbre, en s'essoufflant à force de courir derrière eux.

Pendant ce temps, le tsar Koussman célébrait son mariage. Dans la grande salle de son château, sur les longues tables de chêne, ses serviteurs avaient dressé des nappes blanches recouvertes des mets les plus agréables, et des vins les plus rares. Les convives chantaient, dansaient, s'amusaient. Des musiciens glorifiaient le tsar et sa future épouse.

C'est alors que Koussman désira embrasser Hélène-la-Belle. Quelle ne fut pas sa surprise de rencontrer les poils rudes du loup au lieu des lèvres douces de la princesse ! Jamais physionomie humaine ne peignit une angoisse aussi poignante. Atterré, le tsar hurla :

« Je suis le jouet du diable, la victime d'une mystification ! » L'assistance s'affola. Elle se mit à courir, à délirer. Le tsar perdait la raison, croyant voir grouiller dans l'ombre des formes sans nom, pulluler sous ses pieds des reptiles immondes. Il entendait des ricanements inhumains, des chuchotements mystérieux. Il courut hors de son palais. Le ciel semblait s'abaisser comme une coupole dont on aurait brisé les colonnes…

Profitant de la confusion, le loup s'enfuit et rattrapa Ivan.

« Monte sur mon dos, lui dit-il. Laisse le cheval à la crinière d'or à Hélène-la-Belle. »

Ils arrivèrent au royaume du roi Afron. Le loup gris regarda le prince :

« Tu parais bien triste. Qu'as-tu encore ?

— Je regardais à l'instant ce beau cheval dont la crinière d'or s'est échevelée durant la course, et dont la sueur ruisselle sur les flancs. J'entendais son haleine sortir, bruyante et rapide, de ses narines… Je vais avoir beaucoup de peine à l'échanger contre l'oiseau de feu…

— Allons, je te comprends ! Je vais une nouvelle fois te venir en aide : je vais me changer en cheval à la crinière d'or, et tu me remettras au tsar. Hélène-la-belle attendra avec le vrai cheval durant ce temps, dans le petit bois. »

Le loup gris frappa le sol et se métamorphosa en cheval à la crinière d'or. Ivan l'enfourcha, relâcha la bride d'or et la monture partit comme une flèche, prit le galop, dévora le chemin. La terre filait, les silhouettes noires des arbres fuyaient comme une armée en déroute. Les aigrettes d'étincelles que les fers de l'animal arrachaient aux rocailles, laissaient sur le passage une traînée de feu.

En les voyant arriver, le roi Afron déborda de joie. Il demanda à un de ses serviteurs d'apporter l'oiseau de feu. Il le remit à Ivan qui s'empressa de repartir en hâte retrouver Hélène-la-belle. Elle l'attendait sur le cheval à la crinière d'or. Il s'installa derrière elle sur la croupe de la bête, tenant l'oiseau de feu dans sa cage, et prit la direction du palais de son père.

Fier de posséder le cheval à la crinière d'or, le roi Afron organisa une grande chasse à laquelle participèrent ses amis chasseurs, ses rabatteurs, ses piqueurs. Soudain un lapin sorti de sa tanière. Les chasseurs s'élancèrent sur ses traces, le tsar obligea le cheval à la crinière d'or à prendre de la vitesse. Le cheval s'arrêta d'un coup brutal. Afron tomba, se retrouva dans une mare de boue. Inondé de sueur, pantelant, crotté jusqu'à l'échine, il se releva péniblement et chercha son cheval. Il ne vit au loin qu'un loup gris filant aussi vite que l'éclair du tonnerre. Le cheval à la crinière d'or s'était évaporé. Le tsar, superstitieux, s'imagina qu'un esprit malin lui avait escamoté sa monture.

Le loup rejoignit le couple princier et l'accompagna jusqu'à l'endroit où il avait vu le prince Ivan pour la première fois.

« C'est ici même, lui dit le loup, que j'ai égorgé ton cheval. C'est donc ici que nous allons nous séparer. Je ne suis plus ton serviteur ! »

Ivan salua son ami, le remercia et lui dit adieu.

« Ton aventure n'est pas encore terminée, mon prince. Dis-moi plutôt au revoir. Bientôt, tu auras besoin de mon aide ! »

Le prince se demanda ce que le loup gris laissait sous-entendre. Rien ne semblait pouvoir lui arriver de désagréable. Son visage rayonnait d'enthousiasme, ses yeux étincelaient, ses pommettes se pourpraient de joie. Il avait tout ce qu'il désirait : la princesse Hélène-la-Belle l'aimait, le cheval à la crinière d'or lui appartenait et il tenait la cage de l'oiseau de feu, si convoité.

Ivan reprit la route du palais du tsar son père. Mais peu avant d'arriver, il décida de prendre un léger repos. Avec Hélène-la-Belle, ils s'installèrent sur l'herbe et s'endormirent. C'est alors que les deux frères aînés du prince, Dimitri et Vassili, vinrent à passer. Ils retournaient chez leur père, déprimés, ayant échoué dans leur quête. Voyant leur jeune frère Ivan dormir auprès de la belle princesse, avec l'oiseau de feu dans sa cage et le beau cheval à la crinière d'or à ses côtés, ils éprouvèrent un terrible sentiment de jalousie.

« Notre frère nous a toujours humiliés ! Il faut nous venger ! » Leurs visages se convulsèrent. Leurs yeux irradiaient le sarcasme et la méchanceté.

Ils tirèrent leurs glaives et décapitèrent Ivan endormi.

La princesse Hélène-la-Belle, réveillée en sursaut, assista à cette scène horrible. Elle se mit à hurler, à sangloter. Dimitri la menaça de la pointe de son glaive :

« Tu es à nous maintenant. Nous allons chez notre père. Tu lui diras que c'est nous qui t'avons ramenée, avec l'oiseau de feu et le cheval à la crinière d'or. Jure-nous d'obéir, sinon nous te réserverons le même sort qu'à Ivan ! »

Les deux fratricides tirèrent au sort pour savoir qui l'épouserait. Elle échut à Vassili, et son frère Dimitri garda le cheval à la crinière d'or. Tous les trois prirent le chemin du palais de Vyslav Andronovitch en emportant l'oiseau de feu.

Le corps du malheureux Ivan mort gisait dans l'herbe. Cela dura trente jours. Les oiseaux de proie tournoyaient, s'approchant de plus en plus près de sa dépouille. Parmi ces oiseaux, un corbeau et ses petits se posèrent sur le corps d'Ivan.

Le loup gris sortit alors du bois et saisit l'un des rejetons. Le corbeau supplia le loup de le lâcher :

« Ton petit, je le laisserai partir à condition que tu me rendes un service.

— J'accepte de tout cœur, dit l'oiseau.

— Écoute-moi bien. Il te faut voler au-delà des forêts, des plaines et des monts, jusqu'au village près duquel demeure Baba Yaga. Tu trouveras la sorcière à l'orée du petit bois, dans sa maison perchée sur les pattes de poule. Dis-lui que le loup gris lui demande de te confier une fiole d'eau vive et une fiole d'eau morte. Jusqu'à ton retour, je garderai ton petit. »

Le corbeau ne se fit pas prier davantage. Il gagna le ciel. Alors qu'ici le printemps s'éveillait, il quitta la douceur du soleil doré et traversa des bois de sapins pareils à des spectres qui étendaient leurs bras pesants, chargés de nappes blanches. Le poids de la neige courbait les plus flexibles qui formaient une suite d'arceaux d'argent. Il survola des lacs gelés, des plaines immaculées et des monts figés de glace. On ne sait combien de jours dura son voyage, ni comment la sorcière accepta de lui rendre ce service, toujours est-il qu'il rapporta les deux fioles au loup gris. Celui-ci prit le petit corbeau, le coupa en deux, puis rassembla les morceaux et les aspergea d'eau morte. Le corps se recomposa immédiatement. Le loup l'aspergea ensuite d'eau vive, et le petit, après s'être ébroué, s'envola.

Le loup gris replaça la tête d'Ivan sur ses épaules, l'aspergea d'eau morte, le corps se reconstitua sur le champ, puis il aspergea d'eau vive le corps du prince, qui par miracle revint à la vie.

« J'ai l'impression d'avoir dormi une éternité... dit-il au loup.

— Ne te trompe pas, mon maître. Sans mon intervention, tu ne te serais jamais réveillé. Apprends que tes deux frères ont profité de ton sommeil pour te tuer et te voler l'oiseau de feu, le cheval à la crinière d'or, et pour s'emparer de la princesse Hélène-la-belle. Monte vite sur mon dos, prince Ivan, il est grand temps que tu retournes au palais de ton père. Aujourd'hui même, il célébrera les noces de ton frère Vassili avec Hélène. »

Ivan, une nouvelle fois, grimpa sur le dos du loup gris, et à la vitesse du vent, ils arrivèrent devant la porte de la demeure du tsar Vyslav Andronovitch.

« À présent, lui dit le loup, nous allons nous quitter à tout jamais. Dépêche-toi, mon prince ! »

Le loup, à son habitude, disparut en un éclair.

Une masse de curieux encombrait les alentours du palais. Les rues étaient pavoisées, les oriflammes flottaient dans la brise, les gens portaient leurs habits de fête. Toute la ville était en liesse.

Ivan pressa le pas. Les gardes le reconnurent et le laissèrent passer. Il se précipita dans la grande salle et fit face à ses frères. Dimitri chancela de stupeur, Vassili, le visage décomposé, manqua de s'évanouir, tenaillé par la peur. Hélène-la-Belle s'élança entre ses bras.

En apprenant la vérité, le tsar ne put contenir sa colère. Il fit enfermer les deux aînés dans un sombre cachot. Le mariage entre Ivan et Hélène-la-Belle fut célébré sur-le-champ. Le prince vécut heureux auprès d'elle jusqu'à son dernier jour.

Malacha et Akoulina

Léon Tolstoï

Cette année-là, la semaine sainte arriva plus tôt que de coutume.

On voyageait encore en traîneau, les terres étaient encore blanches de neige, et les ruisseaux débordés couraient dans la campagne. Le jour de la fête, sur le bord d'une grande mare qui s'était formée dans une ruelle, entre deux cours, deux fillettes de deux maisons différentes se rencontrèrent, l'une petite, l'autre un peu plus âgée. Toutes deux avaient un foulard noué sur la tête, toutes deux avaient une robe neuve ; celle de la plus jeune était bleue, celle de la grande, jaune avec des dessins.

En arrivant sur le bord de la mare, elles se montrèrent leurs beaux habits et se mirent à jouer.

« Nous allons nous amuser à faire jaillir l'eau », dirent-elles.

Et déjà la plus petite se préparait à entrer dans la mare avec ses bottines, quand la grande lui cria :

« Ta mère te grondera, Malacha, si tu entres dans l'eau avec tes bottines. Fais comme moi, déchausse-toi. »

Les deux fillettes ayant ôté leurs bottines et relevé le bas de leurs robes, marchèrent dans la mare de manière à se rencontrer au milieu.

Quand Malacha se sentit dans l'eau jusqu'à la cheville, elle dit :

« Comme c'est profond, Akoulina, j'ai peur.

— Ne t'inquiète pas, répondit l'autre. Nulle part il n'y aura de l'eau davantage. Viens tout droit vers moi.

Comme elles arrivaient l'une près de l'autre :

— Fais attention, Malacha, dit Akoulina. Tu vas m'éclabousser. Marche plus doucement. »

Mais à peine finissait-elle de parler que Malacha, d'un brusque mouvement de son pied, éclaboussait la robe d'Akoulina.

L'eau jaillit si haut, que la robe d'Akoulina fut toute mouillée, et qu'elle en eut des gouttes sur le nez et dans les yeux. La vue de sa robe tachée l'exaspéra ; elle s'emporta contre Malacha, l'injuria et la poursuivit pour la battre.

Effrayée, et confuse de sa sottise, Malacha s'élança hors de la mare et courut vers sa maison.

Survint la mère d'Akoulina. En apercevant la robe et le corsage de sa fille tout salis, elle lui demanda :

« Comment as-tu fait pour te salir ainsi, vilaine ?

— C'est Malacha qui m'a éclaboussée exprès. »

La mère d'Akoulina atteignit Malacha et la battit. L'enfant se mit à crier. Ses cris attirèrent sa mère qui accourut vivement.

« Pourquoi frappes-tu ma fille ? » dit-elle à sa voisine en l'injuriant.

De fil en aiguille, la dispute s'aggrava si bien que les deux femmes étaient sur le point de se prendre aux cheveux. Les paysans quittaient leurs maisons, la foule se pressait aux abords de la mare. C'était à qui crierait le plus fort ; tout le monde parlait, personne n'écoutait. Les injures pleuvaient, les coups allaient suivre, lorsque survint une vieille femme, la grand-mère d'Akoulina. Elle voulut parler raison aux paysans surexcités.

« Mes amis, que faites-vous donc ? leur dit-elle. Et dans un jour de fête comme celui-ci, encore ! Il faut vous réjouir, et non pas vous battre ! »

Mais les sages paroles de la vieille grand-mère n'étaient guère écoutées des paysans, qui faillirent même la renverser en se bousculant. Et ils en seraient venus aux mains sans Akoulina et Malacha.

Tandis que les deux voisines échangeaient des injures, Akoulina avait essuyé sa robe, et regagné la mare. Là, s'armant d'un petit caillou, elle s'était mise à creuser la terre pour ouvrir une issue et faire aller l'eau de la mare dans la rue. De son côté, Malacha s'était approchée aussi, et, prenant un bâton, aidait Akoulina à creuser une rigole.

Comme les paysans s'assenaient déjà des horions, l'eau s'échappa de la mare dans la rue, emplit la rigole et arriva à l'endroit même où la vieille grand-mère s'efforçait de s'interposer entre les combattantes. De chaque côté de la rigole les fillettes couraient en riant.

« L'eau nous dépasse, Malacha, rejoignons-la ! »

Malacha voulait répondre à Akoulina, mais sa joie était telle qu'elle ne put parler. Toutes deux redoublèrent de vitesse, et toujours courant, toujours riant des plongeons que faisait le bâton dans le ruisselet, elles arrivèrent au milieu du groupe des paysans.

Et la vieille grand-mère aperçut les enfants et les montra aux paysans, disant :

« Vous, paysans, vous ne craignez pas Dieu ! Vous vous battez à cause de ces fillettes, et elles, regardez, elles ont oublié le sujet de la querelle, et se sont remises à s'amuser ensemble de bon accord. Elles ont plus de raison que vous. »

Les paysans tournèrent la tête vers les deux fillettes, et eurent honte d'eux-mêmes. Et s'étant moqués les uns des autres, ils retournèrent chacun dans leur maison.

« Si vous n'êtes pas comme des enfants, le royaume des cieux vous sera fermé. »

Trad. Ely Halpérine-Kaminsky, 1887

Le filleul

légende populaire
Léon Tolstoï

« *Vous avez entendu qu'il a été dit : "Œil pour œil, et dent pour dent." Mais moi, je vous dis de ne pas résister à celui qui vous fait du mal…* »
(Mt, V, 38-39)

« *C'est à moi qu'appartient la vengeance ; Je le rendrai, dit le Seigneur.* » (Hé, X, 30)

I

Il était né chez un pauvre moujik un fils ; le moujik s'en réjouit, il alla chez son voisin pour le prier d'être parrain. Le voisin s'y refusa : on n'aime pas aller chez un pauvre diable comme parrain. Il alla, le pauvre moujik, chez un autre, et l'autre refusa aussi.

Il fit le tour du village, mais personne ne voulait accepter d'être parrain. Le moujik alla dans un autre village ; il rencontra sur la route un passant.

Le passant s'arrêta.

« Bonjour, dit le moujik, où Dieu te porte-t-il ?… Dieu, continua-t-il, m'a donné un enfant, pour le soigner dans son enfance. Lui consolera ma vieillesse et priera pour mon âme après ma mort. À cause de ma pauvreté, personne de notre village n'a voulu accepter d'être parrain. Je vais chercher un parrain.

Et le passant dit :

— Prends-moi pour parrain.

Le moujik se réjouit, remercia le passant et dit :

— Qui faut-il maintenant prendre pour marraine ?…

— Et pour marraine, dit le passant, appelle la fille du marchand. Va dans la ville : sur la place il y a une maison avec des magasins ; à l'entrée de la maison, demande au marchand de laisser venir sa fille comme marraine.

Le moujik hésitait.

— Comment, dit-il, mon compère, demander cela à un marchand, à un riche ? Il ne voudra pas ; il ne laissera pas venir sa fille.

— Ce n'est pas ton affaire. Va et demande. Demain matin, tiens-toi prêt : je viendrai pour le baptême. »

Le pauvre moujik s'en retourna à la maison, attela, et se rendit à la ville chez le marchand. Il laissa le cheval dans la cour. Le marchand vint lui-même au-devant de lui :

« Que veux-tu ? dit-il.

— Bien, voilà, monsieur le marchand ! Dieu m'a donné un enfant pour le soigner dans son enfance. Lui consolera ma vieillesse et priera pour mon âme après ma mort. Sois bon, laisse ta fille venir comme marraine.

— Et quand le baptême ?

— Demain matin.

— C'est bien. Va avec Dieu. Demain, à la messe du matin, elle viendra. »

Le lendemain, la marraine arriva, le parrain arriva aussi, et on baptisa l'enfant.

Aussitôt que le baptême fut terminé, le parrain sortit, sans qu'on eût pu savoir qui il était. Et depuis, on ne le revit plus.

II

L'enfant grandit, et il grandit pour la joie de ses parents : il était fort, et travailleur, et intelligent, et docile. Le garçon touchait déjà à ses dix ans, quand ses parents le mirent à l'école. Ce que les autres apprennent en cinq ans, le garçon l'apprit en un an : il n'y avait plus rien à lui apprendre.

Vint la semaine sainte. Le garçon alla chez sa marraine pour les souhaits habituels[1]. Il retourna ensuite chez lui et demanda :

« Petit père et petite mère, où demeure mon parrain ? Je voudrais bien aller chez lui pour lui souhaiter la fête.

Et le père et la mère lui disent :

— Nous ne savons pas, notre cher petit fils, où demeure ton parrain. Nous en sommes nous-mêmes très chagrinés. Nous ne l'avons pas vu depuis ton baptême. Et nous n'avons pas entendu parler de lui, et nous ne savons pas où il demeure, ni s'il est encore vivant.

L'enfant salua son père et sa mère.

— Laissez-moi, dit-il, mon petit père et ma petite mère, chercher mon parrain. Je veux le trouver, lui souhaiter la fête. »

Le père et la mère laissèrent partir leur fils. Et le garçon se mit à la recherche de son parrain.

III

Le garçon sortit de la maison et s'en alla sur la route. Il marcha une demi-journée et rencontra un passant.

Il arrêta le passant.

« Bonjour, dit le petit garçon, où Dieu te porte-t-il ?... Je suis allé, continua le garçon, chez ma petite marraine pour lui souhaiter la fête ; et de retour à ma maison, j'ai demandé à mes parents : "Où demeure mon parrain ? Je voudrais lui souhaiter la fête." Et mes parents m'ont

[1] Tolstoï fait ici allusion aux paroles sacramentelles qu'échangent les Russes en s'embrassant sur la bouche le jour de Pâques : « Christ est ressuscité. — Il est vraiment ressuscité ! »

dit : “Nous ne savons pas, petit fils, où demeure ton parrain. Dès que tu as été baptisé, il a pris congé de nous, et nous ne savons rien de lui, et nous ignorons s'il vit encore.” Et voilà, je vais le chercher.

Et le passant dit :

— Je suis ton parrain.

Le garçon se réjouit, il lui souhaita la fête et ils s'embrassèrent.

— Où vas-tu donc, maintenant, mon parrain ? dit le garçon. Si c'est de notre côté, viens dans notre maison, et si tu vas chez toi, je t'accompagnerai.

Et le parrain dit :

— Je n'ai pas le temps maintenant d'aller dans ta maison ; j'ai affaire dans les villages ; mais je rentrerai chez moi demain. Alors tu viendras chez moi.

— Mais comment donc, mon parrain, te trouverai-je ?

— Eh bien ! Tu marcheras du côté où le soleil se lève, toujours tout droit ; tu arriveras dans une forêt, tu trouveras, au milieu de la forêt, une clairière. Assieds-toi dans cette clairière, repose-toi, et regarde ce qui arrivera. Remarque bien ce que tu verras, et va plus loin. Marche toujours tout droit. Tu sortiras de la forêt, tu trouveras un jardin, et dans le jardin un palais, avec un toit en or. C'est ma maison.

Approche-toi vers la grande porte ; j'irai moi-même à ta rencontre. »

Cela dit, le parrain disparut aux yeux du filleul.

IV

Le garçon marcha comme lui avait ordonné son parrain.

Il marcha, marcha, et arriva dans la forêt. Le garçon trouva une clairière et, au milieu de la clairière, un pin. Il s'assit, le petit garçon, et se mit à regarder. Il vit, attaché à une haute branche, une corde, et attaché à la corde, un gros morceau de bois de trois pouds[1], et, sous ce morceau de bois, un baquet avec du miel. Le petit garçon n'avait pas encore eu le temps de se demander pourquoi le miel se trouvait là,

[1] Soit environ 45 kg.

ainsi que ce morceau de bois attaché, lorsqu'il entendit du bruit dans la forêt ; et il vit arriver des ours. En avant, l'ourse, après elle, un guide d'un an, et, derrière, encore trois petits oursons. L'ourse flaira la brise, et alla vers le baquet ; les petits oursons la suivirent. L'ourse introduisit son museau dans le miel, appela les oursons qui accoururent et se mirent à manger. Le morceau de bois s'écarta un peu, puis revint à sa première position. L'ourse s'en aperçut, et repoussa le bois avec sa patte. Le bois s'écarta encore davantage, revint et frappa les oursons qui dans le dos, qui sur la tête. Les oursons se mirent à crier, et s'éloignèrent. La mère poussa un grondement, saisit de ses deux pattes le morceau de bois au-dessus de sa tête, et le repoussa avec force loin d'elle ; bien haut s'envolait le morceau de bois ; le guide revint vers le baquet, introduisit son museau dans le miel et mangea. Les autres commençaient aussi à se rapprocher ; ils n'avaient pas encore eu le temps d'arriver que le morceau de bois retomba sur le guide, l'atteignit à la tête, et le toucha à mort.

L'ourse se mit à gronder plus fort qu'auparavant, et repoussa le bois de toutes ses forces. Il monta plus haut que la branche ; même la corde s'infléchit. Vers le baquet arriva l'ourse, et les petits oursons avec elle. En haut volait, volait le petit bois ; puis il s'arrêta, et commença à revenir. Plus il descendait, plus vite il allait. Il arriva d'une telle vitesse, qu'en venant sur l'ourse, et la frappant à la tête, il lui fracassa le crâne. L'ourse tomba en tournoyant sur elle-même, étendit ses pattes, et mourut. Les petits oursons s'enfuirent.

V

Le parrain, venu à sa rencontre, conduisit le garçon par toutes les pièces toutes plus belles, toutes plus gaies les unes que les autres, et l'amèna jusqu'à une porte scellée.

« Vois-tu, dit-il, cette porte ? Elle n'a pas de serrure, elle est scellée seulement. On peut l'ouvrir, mais tu ne dois pas y entrer. Demeure ici tant que tu veux, et promène-toi tant que tu veux et comme tu veux. Jouis de toutes les joies ; il t'est seulement défendu de franchir cette porte ; et si tu la franchis, rappelle-toi alors ce que tu as vu dans la forêt. »

Cela dit, le parrain prit congé de son filleul. Le filleul resta dans le palais et y vécut. Et il y trouvait tant de joie et de charme, qu'au bout de trente ans il pensait y avoir passé seulement trois heures. Et quand ces trente ans se furent ainsi passés, le filleul s'approcha de la porte scellée et pensa :

« Pourquoi le parrain m'a-t-il défendu d'entrer dans cette chambre ? Je vais aller voir ce qu'il y a dedans. »

Il poussa la porte, les scellés se brisèrent, et la porte s'ouvrit sans peine. Le filleul franchit le seuil, et vit un salon plus grand, plus magnifique que tous les autres, et, au milieu du salon, un trône en or. Il marcha, le filleul, à travers le salon ; il s'approcha du trône, en gravit les marches et s'y assit. Il s'assit et vit auprès du trône un sceptre qu'il prit entre ses mains. Tout à coup les quatre murs du salon tombèrent. Le filleul, regardant autour de lui, vit le monde entier, et tout ce que les humains font dans le monde. Et il pensa : « Je vais regarder ce qui se passe chez nous. »

Il regarda tout droit ; il vit la mer : les bateaux marchaient. Il regarda à droite, et vit des peuples hérétiques. Il regarda du côté gauche : c'étaient des chrétiens, mais non des Russes. Il regarda derrière lui : c'étaient nos Russes.

« Je vais maintenant voir si le blé a bien poussé chez nous. »

Il regarda son champ, et vit les gerbes qui n'étaient pas encore toutes mises en meules. Il se mit à compter les meules pour voir s'il y avait beaucoup de blé, et il vit une charrette qui passe dans le champ, et un moujik dedans. Le filleul crut que c'est son père, qui venait pendant la nuit enlever son blé. Il reconnut Vassili Koudriachov, le voleur, qui roulait dans la charrette. Le voleur s'approcha des meules, et se mit à charger sa charrette. Le filleul fut pris de colère, et il s'écria :

« Mon petit père, on vole les gerbes de ton champ ! »

Le père s'éveilla en sursaut.

« J'ai vu en rêve, dit-il, qu'on vole les gerbes : je vais aller y voir. »

Il monta à cheval et partit. Il arriva à son champ et aperçut Vassili. Il appela les moujiks. On battit Vassili, on le lia, et on le mena en prison.

Le filleul regarda encore la ville où demeurait sa marraine. Il la vit mariée à un marchand. Il la vit dormir, et son mari se lever, et courir chez une maîtresse. Le filleul cria à la femme du marchand :

« Lève-toi, ton mari fait de mauvaises choses ! »

La marraine se leva à la hâte, s'habilla, trouva la maison où était son mari, l'accabla d'injures, battit la maîtresse et renvoya son mari de chez elle.

Il regarda encore sa mère, le filleul, et il la vit couchée dans l'isba. Un brigand entra dans l'isba, et se mit à briser les coffres.

La mère s'éveilla et poussa un cri. Le brigand saisit alors une hache, la leva au-dessus de la mère : il allait la tuer.

Le filleul ne put se retenir, et lança le sceptre sur le brigand ; il l'atteignit juste à la tempe et le tua d'un coup.

VI

Aussitôt que le filleul eut tué le brigand, les murs se dressèrent de nouveau, et le salon reprit son aspect ordinaire. La porte s'ouvrit et le parrain entra. Il s'approcha de son filleul, le prit par la main, le fit descendre du trône, et dit :

« Tu n'as pas obéi à mes ordres : la première mauvaise chose que tu as faite, c'est d'avoir ouvert la porte défendue ; la deuxième mauvaise chose que tu as faite, c'est d'être monté sur le trône et d'avoir pris mon sceptre dans ta main ; la troisième mauvaise chose que tu as faite, c'est de t'être mis à juger les gens. L'ourse a une fois repoussé le morceau de bois, elle a dérangé ses oursons. Elle l'a repoussé une autre fois, elle a tué le guide. Une troisième fois elle l'a repoussé, elle s'est tuée elle-même. C'est ce que tu as fait aussi. »

Et le parrain fit monter le filleul sur le trône, et prit le sceptre entre ses mains. Et de nouveau les murs tombèrent, et de nouveau l'on vit.

Et il dit, le parrain :

« Regarde maintenant ce que tu as fait à ton père. Voilà que Vassili a passé un an en prison. Il y a appris tout le mal, et il est devenu tout à fait enragé. Regarde, voilà qu'il vole des chevaux chez ton père, et, tu le vois, il met le feu à la maison. Voilà ce que tu as fait à ton père. »

Dès que le filleul eut vu mettre le feu à la maison de son père, le parrain lui voila ce spectacle, et lui ordonna de regarder un autre endroit.

« Voilà, dit-il, le mari de ta marraine. Depuis un an qu'il a quitté sa femme, il s'amuse avec d'autres, tandis qu'elle, après avoir lutté, lutté, a fini par prendre un amant. Et la maîtresse s'est perdue tout à fait. Voilà ce que tu as fait à ta marraine. »

Le parrain voila aussi ce spectacle, et montra au filleul la maison des siens. Et il aperçut sa mère : elle pleurait sur ses péchés, et se repentait, et disait : « Il valait mieux que le brigand me tuât alors : je n'aurais pas fait tant de péchés. »

« Voilà ce que tu as fait à ta mère. »

Le parrain voila aussi ce spectacle, et lui dit de regarder en bas. Et le filleul aperçut le brigand : le brigand était tenu par deux gardes devant la prison. Et il dit, le parrain :

« Cet homme a tué neuf âmes. Il devait lui-même racheter ses péchés. Mais tu l'as tué, et tu t'es chargé de tous ses péchés : c'est maintenant à toi d'en répondre. Voilà ce que tu t'es fait à toi-même… Je te donne un délai de trente ans : va dans le monde, rachète les péchés du brigand. Si tu les rachètes, vous serez libres tous les deux ; mais si tu ne les rachètes pas, c'est toi qui iras à sa place.

Et le filleul dit :

— Mais comment racheter ses péchés ?

Et le parrain lui répondit :

— Quand tu auras détruit dans le monde autant de mal que tu en as fait, alors tu rachèteras tes péchés et ceux du brigand.

Et le filleul demanda :

— Mais comment détruire le mal ?

— Marche tout droit du côté où le soleil se lève, dit le parrain. Tu trouveras un champ, et dans le champ, des gens. Observe ce que font les gens, et apprends-leur ce que tu sais. Puis, marche plus loin, remarque tout ce que tu verras. Le quatrième jour tu arriveras dans une forêt ; dans la forêt, tu trouveras un ermitage ; dans l'ermitage demeure un vieillard. Raconte-lui tout ce qui est arrivé. Il t'enseignera. Quand tu auras fait tout ce que le vieillard t'aura ordonné, alors tu rachèteras tes péchés et ceux du brigand. »

Ainsi dit le parrain. Il reconduisit le filleul hors du palais et ferma la porte.

VII

Le filleul partit. Et en marchant il pensait : « Comment me faut-il détruire le mal dans le monde ? Détruit-on le mal dans le monde en déportant les gens, en les emprisonnant, en leur ôtant la vie ? Comment me faut-il faire pour ne pas prendre le mal sur moi, et ne pas me charger des péchés des autres ? »

Il réfléchissait, réfléchissait, le filleul, sans pouvoir résoudre la question.

Il marcha, il marcha ; il arriva dans un champ. Sur ce champ avait poussé du bon blé dru ; et c'était le temps de la moisson. Le filleul vit que dans ce blé un veau s'était aventuré. Les moissonneurs s'en aperçurent ; ils montèrent à cheval et poursuivirent le veau à travers le blé, dans tous les sens. Dès que le veau voulait sortir du blé, arrivait un cavalier, et le veau, prenant peur, entrait de nouveau dans le blé ; et de nouveau on le poursuivait. La babouchka était là qui pleurait :

« Ils vont éreinter mon veau ! disait-elle.

Et le filleul se mit à dire aux moujiks :

— Pourquoi vous y prenez-vous ainsi ? Vous ne le ferez jamais sortir de cette façon. Sortez tous du blé. »

Les moujiks obéirent. La babouchka s'approcha du champ de blé et se mit à appeler : « Tprusi ! Tprusi ! Bourenotchka ! Tprusi ! Tprusi ! »

Le veau tendit l'oreille, écouta, et courut vers la babouchka ; il alla tout droit à elle, et frotta si fort son museau contre elle, qu'elle en faillit tomber. Et les moujiks furent contents, et la babouchka et le veau furent contents.

Le filleul marcha plus loin, et pensa : « Je vois maintenant que le mal se multiplie par le mal. Plus les gens poursuivent le mal, plus ils l'accroissent. On ne doit donc pas détruire le mal par le mal. Et comment le détruire ? Je ne sais. C'est bien que le veau ait écouté sa maîtresse : mais s'il ne l'avait pas écoutée, comment le faire venir ? »

Il réfléchissait, réfléchissait, le filleul, sans pouvoir trouver de solution. Il marcha plus loin.

VIII

Il marcha, il marcha et arriva dans un village.

Il demanda à la patronne d'une isba de le laisser coucher dans sa maison. Elle y consentit. Il n'y avait personne dans l'isba, que la patronne en train de nettoyer.

Le filleul entra, monta sur le poêle[1], et se mit à regarder ce que faisait la patronne. Il vit qu'elle lavait toutes les tables et tous les bancs avec des serviettes sales. Elle essuyait la table, et la serviette sale tachait la table. Elle essuyait les taches, et en faisait de nouvelles en essuyant. Elle laissa là la table et se mit à essuyer le banc. La même chose se produisit. Elle salissait tout avec les serviettes sales. Une tache essuyée, une autre apparaissait.

Le filleul regarda, regarda, et dit :

« Qu'est-ce que tu fais donc, patronne ?

— Tu ne vois donc pas que je lave pour la fête ? Mais je ne puis pas y arriver. Tout est sale. Je suis exténuée.

— Mais tu devrais d'abord laver la serviette, et ensuite tu essuieras. »

La patronne obéit, et lava ensuite les tables, les bancs : tout devint propre.

Le lendemain matin, le filleul dit adieu à la patronne et poursuivit sa route. Il marcha, il marcha, et arriva dans une forêt. Il vit des mou-

[1] Les poêles russes sont en briques, assez larges et d'une chaleur assez tempérée pour qu'on puisse s'étendre dessus commodément.

jiks occupés à façonner des jantes. Le filleul s'approcha, et vit les moujiks tourner ; et la jante ne se façonnait pas.

« Que Dieu vous aide ! dit-il.

— Que le Christ te sauve ! dirent-ils.

Le filleul regarda, et vit que le support, n'étant pas assujetti, tournait avec la jante. Le filleul regarda et dit :

— Que faites-vous donc, frères ?

— Mais voilà : nous ployons des jantes. Et nous les avons déjà deux fois passées à l'eau bouillante ; nous sommes exténués, et le bois ne veut pas ployer.

— Mais vous devriez, frères, assujettir le support : car il tourne en même temps que vous. »

Les moujiks obéirent, assujettirent le support, et tout marcha bien.

Le filleul passa une nuit chez eux, et continua sa route. Il marcha toute la journée et toute la nuit. À l'aube, il rencontra des bergers. Il se coucha auprès d'eux, et vit qu'ils étaient en train de faire du feu. Ils prenaient des brindilles sèches, les allumaient, et sans leur donner le temps de prendre, mettaient par-dessus de la broussaille humide. La broussaille se mit à siffler en fumant, et éteignit le feu. Les bergers prirent de nouveau du bois sec, l'allumèrent, et remirent de la broussaille humide ; et le feu s'éteignit de nouveau. Longtemps les bergers se démenèrent ainsi, sans pouvoir allumer le feu. Et le filleul dit :

« Ne vous hâtez pas de mettre de la broussaille, mais allumez d'abord bien le feu, donnez-lui le temps de prendre ; quand il sera bien enflammé, alors mettez de la broussaille. »

Ainsi firent les bergers. Ils laissèrent le feu prendre tout à fait, et mirent ensuite de la broussaille. Le bois flamba et pétilla.

Le filleul resta quelque temps avec eux, et poursuivit sa route. Il se demandait pourquoi il avait vu ces trois choses, il n'y pouvait rien comprendre.

IX

Le filleul marcha, marcha ; une journée passa. Il arriva dans une forêt ; dans la forêt, un ermitage. Le filleul s'approcha et frappa. Une voix de l'intérieur demanda :

« Qui est là ?

— Un grand pécheur. Je vais racheter les péchés d'autrui.

Le vieillard sortit et demanda :

— Quels sont ces péchés d'autrui que tu as sur toi ? »

Le filleul lui raconta tout : et l'ourse avec ses oursons, et le trône dans le salon scellé, et ce que son parrain lui avait ordonné, et ce qu'il avait vu dans les champs, les moujiks poursuivant le veau et fouillant le blé, et comment le veau était allé de lui-même vers sa maîtresse.

« J'ai compris, dit-il, qu'on ne peut pas détruire le mal par le mal : mais je ne peux pas comprendre comment il faut le détruire. Apprends-le moi.

Et le vieillard dit :

— Mais dis-moi, qu'as-tu vu encore sur la route ? »

Le filleul lui parla de la patronne de l'isba, comment elle nettoyait ; des moujiks, comment ils ployaient la jante ; et des bergers, comment ils faisaient du feu.

Le vieillard écoutait. Il retourna dans son ermitage, et en rapporta une hachette ébréchée.

— Viens, dit-il.

Le vieillard s'avança vers une petite clairière, devant l'ermitage, et, montrant un arbre :

— Abats-le, dit-il.

Le filleul abattit l'arbre, qui tomba.

— Fends-le en trois, maintenant.

Le filleul le fendit en trois. Le vieillard entra de nouveau dans l'ermitage et en rapporta du feu.

— Brûle, dit-il, ces trois morceaux de bois.

Le filleul fit un feu, et les brûla. Il en restait trois charbons.

— Enfouis maintenant les trois charbons dans la terre. Comme cela.

Le filleul les enfouit.

— Vois-tu la rivière au pied de la montagne ? Vas-y puiser de l'eau dans ta bouche, et arrose. Ce charbon, arrose-le ainsi que tu as appris à la patronne ; celui-ci, arrose-le ainsi que tu as appris aux charrons, et celui-là, arrose-le comme tu as appris aux bergers. Quand tous les trois pousseront, et que de ces charbons sortiront trois pommiers, alors tu sauras comment il faut détruire le mal. »

Cela dit, le vieillard rentra dans son ermitage. Le filleul réfléchissait, réfléchissait ; il ne pouvait comprendre ce que lui disait le vieillard. Et il se mit à faire comme il lui était ordonné.

X

Le filleul s'approcha de la rivière, puisa de l'eau plein sa bouche, arrosa le premier charbon et marcha encore et encore ; il fit cent voyages avant que la terre fût assez mouillée autour d'un charbon. Il recommença alors à arroser les deux autres. Le filleul se fatigua ; et il avait faim. Il se rendit chez le vieillard pour lui demander à manger. Il ouvrit la porte : le vieillard était mort sur un banc.

Il regarda autour de lui, aperçut des croûtons et mangea. Il trouva une pioche, et se mit à creuser une fosse pour le vieillard. La nuit, il portait l'eau pour arroser, et, dans la journée, il creusait la fosse. Ce ne fut que le troisième jour qu'il acheva la fosse. Il allait l'enterrer quand arrivèrent du village des gens qui apportaient à manger au vieillard. Ils apprirent que le vieillard était mort après avoir béni le filleul. Ils aidèrent le filleul à enterrer le vieillard, laissèrent du pain, promirent d'en apporter encore : puis ils partirent.

Il resta, le filleul, à vivre à la place du vieillard ; il y vécut, se nourrissant de ce que les gens lui apportaient ; et il continuait à exécuter les prescriptions du vieillard, puisant de l'eau à la rivière, et arrosant les charbons. Le filleul vécut ainsi une année. Beaucoup de gens commençaient à le visiter. Le bruit se répandit que dans la forêt demeurait un saint homme qui faisait son salut et arrosait avec sa bouche des morceaux de bois brûlé. On se mit à le visiter, lui demander des conseils et des avis. De riches marchands venaient aussi chez lui et lui apportaient des cadeaux. Le filleul ne prenait rien pour lui, sauf ce dont il avait besoin ; et ce qu'on lui donnait, il le distribuait aux pauvres.

Et le filleul passait bien son temps : la moitié du jour, il portait dans sa bouche de l'eau pour arroser les charbons, et, l'autre moitié, il se reposait et recevait les visiteurs. Et le filleul se mit à croire que c'était ainsi qu'il devait vivre, ainsi qu'il détruisait le mal et rachèterait le péché.

Le filleul vécut de la sorte une seconde année, et il ne passait pas un seul jour sans arroser, et pourtant pas un seul charbon ne poussait. Un jour, étant dans son ermitage, il entendit un cavalier passer en chantant des chansons. Le filleul sortit voir qui était cet homme ; il vit un homme jeune et fort. Ses habits étaient beaux, beaux le cheval et la selle. Le filleul l'arrêta et lui demanda qui il était, et où il allait.

L'homme s'arrêta.

— Je suis un brigand, dit-il, je vais par les chemins, je tue les gens. Plus je tue, plus gaies sont mes chansons.

Le filleul effrayé pensa : « Comment chasser le mal de cet homme ? Il est facile de parler à ceux qui viennent chez moi se repentir d'eux-mêmes. Mais celui-ci se vante de ses péchés. »

Le filleul voulait s'en aller, mais il pensa : « Comment faire ? Ce brigand va maintenant passer par ici, il effrayera le monde ; les gens cesseront de venir chez moi, et je ne pourrai ni leur être utile, ni vivre moi-même. »

Et le filleul s'arrêta, et il se mit à dire au brigand :

« Il vient ici chez moi, dit-il, des pécheurs, non pas se vanter de leurs péchés, mais se repentir et se purifier. Repens-toi aussi, si tu crains Dieu ; et si tu ne veux pas te repentir, va-t'en alors d'ici, et ne viens jamais ; ne me trouble pas, et n'effraie pas ceux qui viennent. Et si tu ne m'écoutes pas, Dieu te punira.

Le brigand se mit à rire.

— Je ne crains pas Dieu, dit-il, et toi, je ne t'obéis pas. Tu n'es pas mon maître. Toi, dit-il, tu te nourris de ta piété, et moi, je me nourris de brigandage. Tout le monde doit se nourrir. Enseigne aux femmes qui viennent chez toi ; moi, je n'ai pas besoin d'être enseigné. Et puisque tu m'as rappelé Dieu, je tuerai demain deux hommes de plus ;

je te tuerais aussi tout de suite, mais je ne veux pas me salir les mains ; et dorénavant ne te trouve pas sur mon chemin. »

Ayant ainsi menacé, le brigand s'en alla.

Depuis, le filleul craignait le brigand. Mais le brigand ne passait plus, et le filleul vivait tranquillement.

XI

Le filleul passa ainsi encore huit ans ; il commençait à s'ennuyer.

Une nuit, il arrosa ses charbons, revint dans son ermitage, il déjeuna et se mit à regarder les sentiers par lesquels devait venir le monde. Et ce jour-là, personne ne vint. Le filleul resta seul jusqu'au soir, et se mit à réfléchir sur sa vie. Il se rappela comment le brigand lui avait reproché de ne se nourrir que de sa piété, et qu'il avait promis de tuer deux hommes en plus, pour lui avoir rappelé Dieu. Le filleul resta songeur, et se remémora sa vie passée.

« Ce n'est pas de cette façon, pensa-t-il, que le vieillard m'avait ordonné de vivre. Le vieillard m'a donné une pénitence, et moi j'en retire du pain et de la gloire. Et cela me plaît tant, que je m'ennuie quand le monde ne vient pas chez moi. Et quand les gens viennent, je n'ai qu'une joie : c'est qu'ils vantent ma sainteté. Ce n'est pas ainsi qu'il faut vivre. Je me suis laissé enivrer par les éloges. Je n'ai pas racheté des péchés, mais j'en ai endossé de nouveaux. Je m'en irai dans la forêt, dans un autre endroit, pour que le monde ne me trouve point. Je vivrai seul, à racheter les vieux péchés ; et je n'en endosserai pas de nouveaux. »

Ainsi pensa le filleul ; il prit un petit sac de croûtons, une pioche, et s'en alla de l'ermitage, pour se creuser un réduit dans un endroit désert.

Le filleul marcha avec le petit sac et la pioche et rencontra le brigand. Le filleul prit peur, voulut s'en aller, mais le brigand le rejoignit.

« Où vas-tu ? dit-il.

Le filleul lui dit son projet. Le brigand s'étonna.

— Mais de quoi vas-tu vivre maintenant, dit-il, quand les gens ne te visiteront plus ?

Le filleul n'y avait pas songé auparavant. Mais, quand le brigand l'interrogea, il y songea.

— Mais de ce que Dieu m'enverra », dit-il.

Le brigand ne répondit rien et s'en alla.

« Pourquoi donc, pensait le filleul, ne lui ai-je rien dit de son genre de vie ? Peut-être se repentira-t-il maintenant ; il semble être plus doux et ne menace pas de me tuer. »

Le filleul cria de loin au brigand :

« Et tu dois tout de même te repentir, tu n'éviteras pas la vengeance de Dieu. »

Le brigand fit faire volte-face à son cheval, tira un couteau de sa ceinture et le leva sur le filleul. Le filleul prit peur et se cacha dans la forêt.

Le brigand ne voulut pas le poursuivre : il l'injuria et partit.

Le filleul s'établit dans un autre endroit. Il alla le soir arroser les charbons, et il vit qu'un d'eux s'était mis à pousser, et qu'un pommier en était sorti.

XII

Le filleul évita les gens, et se mit à vivre seul. Les croûtons s'épuisèrent.

« Eh bien ! pensa-t-il, je vais chercher des racines. » Comme il allait les chercher, le filleul remarqua sur une branche un petit sac avec des croûtons. Le filleul le prit et se mit à s'en nourrir. Aussitôt que les croûtons s'épuisaient, de nouveau il trouvait un autre petit sac sur la même branche.

Et ainsi vécut bien le filleul.

Il vécut de la sorte encore dix ans. Un pommier poussait, et les deux charbons étaient restés ce qu'ils étaient, des charbons. Un jour le filleul se leva de bonne heure et alla vers la rivière. Il remplit sa bouche d'eau, arrosa le charbon, y retourna une fois, y retourna cent fois, arrosa la terre autour du charbon, se fatigua et s'assit pour se reposer. Il était assis à se reposer, quand tout à coup il entendit le brigand passer en jurant.

Le filleul l'entendit et pensa : « Il faut se cacher derrière l'arbre, car autrement il me tuera pour un rien, et je n'aurai même pas le temps de racheter mes péchés. »

Comme il commençait à passer derrière l'arbre, voilà qu'il pensa : « Sauf de Dieu, ni le mal ni le bien ne me viendront de personne. Et où pourrais-je me cacher de Lui ? »

Le filleul sortit de derrière l'arbre, et ne se cacha point. Il vit passer le brigand, non pas seul, mais portant avec lui en croupe un homme, les mains liées, la bouche bâillonnée. L'homme gémissait et le brigand jurait. Le filleul s'approcha du brigand et se mit devant le cheval. Le brigand dit :

« Tu es encore vivant ! Peut-être désires-tu la mort ?

Et le filleul dit :

— Où mènes-tu cet homme ?

— Mais je l'emmène dans la forêt. C'est le fils d'un marchand. Il ne veut pas me dire où est caché l'argent de son père. Je veux le tourmenter jusqu'à ce qu'il me le dise. »

Et le brigand voulut poursuivre son chemin. Le filleul saisit le cheval par la bride, ne le lâcha pas, et demanda la délivrance du fils du marchand. Le brigand se fâcha contre le filleul, et leva la main sur lui.

« Laisse, dit-il, autrement tu en auras autant. Ta sainteté ne m'en impose pas.

Le filleul ne s'effraya pas.

— Je ne te crains pas, dit-il, je ne crains que Dieu. Et Dieu ne m'ordonne pas de lâcher. Je ne lâcherai pas. »

Le brigand fronça les sourcils, sortit son couteau, coupa les cordes et délivra le fils du marchand.

« Allez-vous-en tous deux, dit-il, et ne vous trouvez pas une autre fois sur mon chemin. »

Le fils du marchand sauta à terre et s'enfuit. Le brigand voulut passer, mais le filleul l'arrêta encore et se mit à lui demander d'abandonner sa mauvaise vie. Le brigand resta immobile, écouta tout, ne répondit rien et partit.

Le lendemain matin, le filleul alla arroser ses charbons. Voici qu'un autre avait poussé : c'était aussi un pommier.

XIII

Encore dix ans se passèrent. Un jour le filleul était assis sans rien désirer, sans rien craindre, et le cœur plein de joie. Et il pensait, le filleul : « Quelle joie, se dit-il, ont les hommes ?... Et ils se tourmentent pour rien. Ils devraient vivre et vivre pour la joie ! »

Et il se rappelait tout le mal des hommes, comme ils se tourmentent parce qu'ils ne connaissent pas Dieu. Et il se mit à les plaindre.

« Je passe mon temps inutilement, pensait-il. Il faudrait aller chez les gens et leur enseigner ce que je sais. »

Comme il pensait cela, il entendit venir le brigand. Il le laissa passer. Il pensait : « À celui-là, il n'y a rien à enseigner : il ne comprendra pas. Mais il faut lui parler tout de même. C'est un homme aussi. »

Il pensa ainsi, et alla à sa rencontre. Aussitôt qu'il aperçut le brigand, il eut pitié de lui. Il courut à lui, saisit son cheval par la bride et l'arrêta.

« Cher frère, dit-il, aie pitié de ton âme ! Tu as en toi l'âme de Dieu ! Tu te tourmentes, et tu tourmentes les autres, et tu seras tourmenté encore plus. Et Dieu t'aime tant ! Quelles joies il t'a réservées ! Ne sois pas ton propre bourreau. Change ta vie.

Le brigand s'assombrit.

— Laisse, dit-il.

Le filleul ne laissa pas, et les larmes lui coulèrent en abondance. Il pleurait.

— Frère, dit-il, aie pitié de toi. »

Le brigand lève les yeux sur le filleul. Il le regarde, il le regarde, descend de cheval, tombe à genoux devant le filleul et se met aussi à pleurer.

« Tu m'as vaincu, dit-il, vieillard. Vingt ans j'ai lutté contre toi. Tu as pris le dessus sur moi. Maintenant je ne suis plus maître de moi. Fais de moi ce que tu veux. Quand tu m'adjuras pour la première fois, je n'en devins que plus méchant. Je me suis mis à réfléchir sur tes discours seulement quand je t'ai vu toi-même te passer du monde. Et depuis, j'ai suspendu à la branche des croûtons pour toi. »

Et il se souvint, le filleul, que la patronne avait nettoyé la table seulement après qu'elle eut lavé la serviette ; lui, ce fut quand il cessa d'avoir soin de lui-même, quand il purifia son cœur, ce fut alors qu'il put purifier le cœur des autres.

Et le brigand dit :

« Et mon cœur a changé seulement alors que tu as supplié pour le fils du marchand, et que tu n'as pas craint la mort. »

Et il se rappella, le filleul, que les charrons avaient ployé la jante seulement après que le support eut été assujetti ; lui, il cessa de craindre la mort, il assujettit sa vie en Dieu, et son cœur insoumis se soumit.

Et le brigand dit :

« Et mon cœur s'est fondu tout à fait en moi seulement alors que tu as eu pitié de moi, et que tu as pleuré sur moi. »

Le filleul se réjouit, emmena avec lui le brigand à l'endroit où se trouvaient les deux pommiers et un charbon. Ils s'approchèrent : plus de charbon, et un troisième pommier avait poussé.

Et il se rappella, le filleul, que le bois humide s'était allumé chez les bergers seulement alors qu'ils eurent allumé un grand feu ; lui, son cœur s'enflamma en lui, et alluma un autre cœur.

Et le filleul se réjouit d'avoir racheté maintenant tous ses péchés.

Il dit tout cela au brigand, et mourut. Le brigand l'enterra, se mit à vivre comme lui avait ordonné le filleul, et à son tour il enseignait les gens.

Trad. Ely Halpérine-Kaminsky

Kolobok, le petit pain rond

(adapté d'un conte populaire)

Un vieil homme et une vieille femme vivaient dans une petite isba à l'orée d'un bois de bouleaux.

Un jour, le vieux demande à sa vieille :

« Petite mère, fais-nous cuire un petit pain rond, un kolobok !

— Avec quoi ? Il n'y a plus de farine depuis belle lurette !

— Prends une aile de poule et balaie le fond du coffre à blé… »

Et la vieille de gratter, de balayer !

Elle finit par récupérer deux poignées de farine, qu'elle pétrit avec de la crème et elle donne à la pâte une forme bien ronde. Elle cuit au beurre le petit pain et le met à refroidir sur le bord de la fenêtre.

Kolobok reste posé là quelque temps, puis saute et roule de la fenêtre sur le banc, du banc sur le sol, du sol à la porte. D'un bond il franchit le seuil, se retrouve dans l'entrée, saute et roule de l'entrée au perron, du perron dans la cour, de la cour au portail, toujours plus loin.

Sur le chemin, le kolobok se fait attraper par un lièvre :

« Kolobok, Kolobok, je vais te grignoter !

— Lâche-moi, ne me grignote pas, lièvre aux grandes oreilles ! Je vais te chanter une chanson », dit le kolobok.

Intrigué, le lièvre le relâche. Et notre petite boule de chanter :

« Je suis Kolobok, Kolobok,
J'ai été gratté,
Balayé au fond du coffre avec une aile de poule,
Pétri avec de la crème
Et cuit dans du beurre,
J'ai refroidi sur le bord de la fenêtre,
J'ai échappé au grand-père,
J'ai échappé à la grand-mère,
Et je vais t'échapper, grandes oreilles ! »

Le kolobok roule, roule de plus en plus vite et disparaît en un clin d'œil.

De grandes dents, soudainement, mettent fin à ses roulades.

Ce sont celles d'un loup gris :

« Kolobok, Kolobok, je vais te croquer !

— Lâche-moi, ne me croque pas, loup gris ! s'écrie notre petit pain. Pour te plaire, je vais te chanter une chanson ! »

Intrigué, le loup gris le relâche. Et notre petite boule de chanter :

« Je suis Kolobok, Kolobok,
J'ai été gratté,
Balayé au fond du coffre avec une aile de poule,
Pétri avec de la crème
Et cuit dans du beurre,
J'ai refroidi sur le bord de la fenêtre,
J'ai échappé au grand-père,
J'ai échappé à la grand-mère,
J'ai échappé au lièvre,
Et je vais t'échapper, grandes dents ! »

Le kolobok roule, roule de plus en plus vite et à nouveau prend la poudre d'escampette. Mais un ours surgit au milieu du chemin et le saisit entre ses mâchoires vigoureuses.

« Kolobok, Kolobok, je vais te dévorer !

— Lâche-moi, ne me dévore pas, gros ours ! s'écrie notre petit pain. Pour t'amuser, je vais te chanter une chanson ! »

Intrigué, l'ours brun le relâche. Et notre petite boule de chanter :

« Je suis Kolobok, Kolobok,
J'ai été gratté,
Balayé au fond du coffre avec une aile de poule,
Pétri avec de la crème
Et cuit dans du beurre,
J'ai refroidi sur le bord de la fenêtre,
J'ai échappé au grand-père,
J'ai échappé à la grand-mère,
J'ai échappé au lièvre,
J'ai échappé au loup,
Et je vais t'échapper, gros balourd ! »

Le kolobok roule, roule de plus en plus vite, s'échappe en roulant de plus belle.

Un renard se met en travers de la route, empêchant notre petit pain rond de poursuivre sa fuite.

« Bonjour, Kolobok, lui dit-il, que tu es appétissant !

— Ne me mange pas, gentil renard ! s'écrie le petit pain. Pour te divertir, je vais te chanter une chanson ! »

Et notre petite boule de chanter :

« Je suis Kolobok, Kolobok,
J'ai été gratté,
Balayé au fond du coffre avec une aile de poule,
Pétri avec de la crème
Et cuit dans du beurre,
J'ai refroidi sur le bord de la fenêtre,
J'ai échappé au grand-père,
J'ai échappé à la grand-mère,

J'ai échappé au lièvre,
J'ai échappé au loup,
J'ai échappé à l'ours,
Et à toi aussi je vais échapper ! »

Le renard le regarda de ses yeux enjoués, et d'une petite voix s'exclama :

« Quelle belle chanson ! Mais avec mon âge fort avancé, je ne l'ai pas bien entendue ! Quel dommage ! Saute donc sur mon museau et chante-la plus fort ! »

Kolobok roule sur le museau du renard et entonne une nouvelle fois son couplet.

« Merci Kolobok, c'est une chanson magnifique. Je suis très heureux de l'avoir entendue. Acceptes-tu une dernière fois de me la chanter ? Roule donc sur ma langue, ainsi je l'entendrai à merveille ! dit le renard. »

Kolobok roula sur la langue, et le rusé renard, en une bouchée, l'engloutit.

Le grain de blé

Léon Tolstoï

Une troupe d'enfants jouait aux bords d'un fossé ; l'un d'eux aperçut une chose qui ressemblait à un grain, mais si grosse qu'elle atteignait presque la dimension d'un œuf de poule.

Les enfants se passaient ce grain de main en main et le regardaient curieusement ; un homme vint à passer et le leur acheta pour quelques kopecks ; cet homme allait en ville, et il vendit cet objet à l'empereur, comme curiosité.

Les savants furent convoqués auprès du tsar pour analyser cet objet et dire si c'était une graine ou un œuf. Ils s'armèrent de leurs lunettes de microscopes et d'autres ustensiles ; leurs recherches furent vaines.

On posa cette chose sur le rebord d'une fenêtre. Les poules qui picoraient par là vinrent y donner des coups de bec et y firent un trou. C'était donc un grain, et facile à reconnaître, puisqu'il y avait un sillon au milieu ; alors les savants déclarèrent que c'était un grain de blé. Le tsar s'étonna, et commanda aux savants d'étudier pourquoi ce grain était si beau, et pourquoi on n'en voyait plus de pareil.

Les savants consultèrent leurs livres, leurs dictionnaires, leurs in-octavo, sans résultat.

« Sire, dirent-ils au tsar, les paysans seuls pourront vous renseigner au sujet de ce grain, ils ont peut-être entendu leurs anciens en parler. »

On amena au tsar un paysan très vieux, sans dents, avec une grande barbe blanche ; deux béquilles le soutenaient.

Il prit le grain, mais il y voyait à peine ; il le tâta, le soupesa.

« Que penses-tu de cette graine, petit père ? lui dit le tsar. En as-tu vu de semblables dans ta vie ? À quoi peut-elle servir ? As-tu vu en semer, en récolter ?

Le vieux, qui était presque sourd, ne comprit pas le tsar ; il répondit :

— Jamais je n'ai acheté de grain pareil ; jamais je n'en ai vu semer. Le blé que j'achetais était toujours très petit. Mon ancien peut-être vous l'apprendra, il a peut-être vu la plante qui donne cette graine. »

Le tsar fit appeler le père du vieillard.

Il arriva avec une seule béquille, il y voyait encore assez bien, sa barbe n'était que grise ; le tsar lui passa le grain ; il le considéra attentivement.

« Dis-moi à quoi est bon cette graine, petit père, lui dit le tsar, et en as-tu vu planter depuis que tu travailles, et as-tu vu les autres en récolter dans leurs champs ?

— Non, répondit le vieillard ; je n'ai jamais vu ni acheté de graines de cette sorte, car, de mon temps, on ne se servait pas encore d'argent. Nous nous nourrissions alors du pain de nos récoltes, et nous en donnions à ceux qui n'en avaient point. Mais je ne connais pas cette graine. Je me rappelle, pourtant, avoir entendu dire à mon père que de son temps le blé poussait mieux et produisait de plus gros grains. Il faut questionner mon père. »

Et on alla quérir le père de ce vieillard.

Celui-ci était droit et vigoureux, il arriva sans béquilles, ses yeux étaient vifs, il parlait très nettement, et sa barbe était à peine grise.

Le tsar lui montra le grain ; le vieillard le prit et le regarda longtemps.

« Comme il y a du temps que je n'ai vu de grain pareil ! » dit-il.

Il porta la graine à sa bouche, la goûta et continua :

« C'est bien cela, c'est de la même sorte.

— Tu connais donc cette graine, petit père ? dit le tsar. Où pousse-t-elle et en quelle saison ? En as-tu semé et récolté toi-même ?

— Quand j'étais jeune, dit le vieillard, nous n'avions pas d'autre blé que de celui-là, nous en faisions notre pain de chaque jour.

— Vous l'achetiez ou le récoltiez ? demanda encore le tsar.

— Autrefois, reprit le vieillard en souriant au souvenir de son jeune temps, on ne commettait pas le péché d'acheter ou de vendre le pain. On n'avait jamais vu d'or, et chacun avait autant de pain qu'il en voulait.

— Où était ton champ, petit père, et où poussait de pareil blé ?

— Mon champ, empereur, c'était la terre que Dieu nous a donnée à tous pour la cultiver. Alors, la terre n'appartenait à personne, elle était à tous ; chacun labourait ce qu'il lui fallait pour vivre, et mon champ, c'était le sol que je labourais. Personne ne disait « le tien, le mien, ma propriété, celle du voisin. » Nous récoltions le fruit de notre travail et nous nous en contentions.

Le tsar ajouta :

— Apprends-moi encore, vieillard, pourquoi le blé est si petit aujourd'hui et pourquoi il était si beau autrefois. Dis-moi encore pourquoi ton petit-fils marche avec deux béquilles, ton fils avec une seule, et pourquoi tu es encore vert et vigoureux malgré ton grand âge. Tu devrais être le plus cassé des trois, et tu es le plus alerte. Tes yeux sont clairs, tu as tes dents, et ta voix vibre comme celle des jeunes hommes de ce temps. Pourquoi es-tu ainsi, petit père ? Le sais-tu ?

— Oui, je le sais, empereur. Aujourd'hui les hommes s'usent à désirer plus qu'ils n'ont besoin ; ils sont jaloux et envieux les uns des autres. J'ai vécu dans la crainte et le respect de Dieu, et n'ai possédé que ce qui était à moi par mon travail, sans avoir jamais l'idée de vouloir le bien de mon prochain.

Trad. Henri Gautier, 1890

Le moujik Marey, souvenir de Sibérie

Fédor Dostoïevski

C'était le deuxième jour de Pâques. L'air était chaud, le ciel bleu, le soleil haut et radieux, mais dans mon âme il faisait sombre.

J'errais derrière la caserne. Je regardais, en les comptant, les barrières qui fermaient le préau. – Depuis deux jours la prison était en fête, les forçats ne travaillaient pas. La plupart d'entre eux étaient ivres. Les chambrées retentissaient d'injures, de querelles et de chansons ordurières. On jouait aux cartes sur les lits de planches. Plusieurs hommes, battus jusqu'à la mort par leurs propres camarades pour avoir fait trop de tumulte, gisaient sur leurs lits. On les avait recouverts de leurs manteaux en attendant qu'ils reprissent connaissance. Plusieurs fois déjà les couteaux avaient été tirés.

Et cela durait depuis deux jours ! J'en étais malade. D'ailleurs, je n'ai jamais pu voir sans dégoût une foule ivre, surtout dans un tel lieu !

Pendant ces deux jours, l'autorité n'avait pas paru à la prison ; les perquisitions avaient été interrompues, on n'examinait plus si des bouteilles de vin n'étaient pas cachées sous les lits. Nos chefs comprenaient qu'il faut laisser « s'amuser », au moins une fois par an, même des forçats, que c'est le seul moyen d'éviter de pires excès.

Mais moi, la colère me prenait…

Je rencontrai le Polonais M…sky, un prisonnier politique. Il me jeta un regard désespéré ; ses yeux luisaient, ses lèvres frémissaient.

« Je hais ces brigands ! » me dit-il à demi-voix en serrant les dents, et il passa.

Je ne sais pourquoi, je rentrai aussitôt à la caserne, quoique je m'en fusse échappé comme un fou un quart d'heure auparavant, quand six hommes, six forts moujiks, s'étaient jetés tous à la fois sur un Tartare nommé Gazine pour le maintenir et le frapper. Ils l'avaient battu comme plâtre : de tels coups pourraient tuer un chameau. Mais le Tartare était un hercule, et on le frappait sans crainte. En rentrant, je l'aperçus dans un coin, étendu sur son lit, presque mort. On l'avait couvert d'un touloupe[1], et les forçats en passant auprès de lui faisaient silence et évitaient de le toucher. On était pourtant sûr que dès le lendemain matin il reviendrait à lui, « mais de tels coups, qui sait ? Un homme peut en mourir !… »

Je me faufilai à ma place, en face d'une fenêtre grillagée ; je m'étendis sur le dos, mis mes mains sous ma tête et fermai les yeux. J'aimais cette position : un homme qui semble dormir est ordinairement respecté, et l'on peut ainsi rêver et méditer. Mais je n'étais pas tranquille. Mon cœur battait à coups précipités et j'avais encore dans les oreilles le mot de M…sky :

« Je hais ces brigands ! »

D'ailleurs, pourquoi décrirais-je mes impressions ? Maintenant encore, j'en rêve parfois, et je n'ai pas de plus terribles cauchemars. Peut-être aura-t-on observé que, jusqu'à ce jour, je n'ai presque jamais parlé de ma vie au bagne. Il y a dix ans[2] que j'ai écrit *La Maison des Morts*,

---

[1] Manteau en peau de mouton.
[2] Dostoïevski écrivait ceci en 1876.

sous le nom d'un personnage fictif : un condamné qui a tué sa femme. Et j'ajouterai à ce sujet que bien des personnes pensent et affirment encore que j'ai été exilé pour avoir assassiné ma femme…

Peu à peu pourtant je me calmai, et insensiblement je plongeai dans mes souvenirs. Pendant mes quatre ans de bagne, je n'ai cessé de songer à tout mon passé, et il me semble que j'y ai revécu, par le souvenir, toute ma vie morte. Les souvenirs se dressaient d'eux-mêmes devant moi. Je les évoquais rarement par un effort de volonté. Cela commençait d'un point quelconque, d'un *petit trait* à peine perceptible, et peu à peu cela prenait les proportions d'un grand tableau, et l'impression se fortifiait et se complétait. Et moi-même je m'y intéressais, ajoutant de nouveaux traits à des événements depuis longtemps accomplis, les corrigeant et les arrangeant sans cesse. C'était mon seul plaisir.

Cette fois-ci, ce fut un insignifiant incident de ma première enfance qui me revint à la mémoire, du temps lointain où j'avais neuf ans. Je croyais bien l'avoir oublié. Mais, à cette époque, c'étaient surtout les souvenirs de ma première enfance que j'aimais à me rappeler.

Notre village, un mois d'août. Un jour sec et clair, un peu froid ; du vent. L'été touchait à sa fin, et nous devions bientôt partir pour Moscou : il allait bientôt falloir, durant tout un hiver, s'ennuyer à étudier le français…

Que je regrettais de quitter la campagne !

Je me rendis derrière la grange, je descendis dans le fossé et je montai au *losk* (on appelait ainsi chez nous une épaisse futaie située de l'autre côté du fossé, jusqu'à la lisière d'un petit bois).

Et voilà que j'entre au plus épais des arbustes, et j'entends à quelque distance de là, à une trentaine de pas peut-être, dans le champ, un moujik qui laboure la terre. Je sais qu'il laboure sur le penchant d'une colline et que le cheval doit avoir bien de la peine. De temps en temps j'entends le cri : Hue ! Hue ! Je connais presque tous nos moujiks, mais je ne sais pas lequel laboure en ce moment, et, d'ailleurs, ça m'est égal. Je suis tout absorbé par mon occupation : moi aussi je travaille !

Je me taille une cravache en bois de noyer pour battre les grenouilles. Les baguettes de noyer sont si jolies et si flexibles ! C'est bien autre chose que des baguettes de pin ! Les scarabées et les hannetons m'intéressent aussi : j'en fais collection et j'en ai de « très-bien habillés ». J'aime aussi les petits lézards, si vifs, d'un si beau rouge jaunâtre, avec de petites taches. Mais j'ai peur des petits serpents. Heureusement que les serpents sont plus rares que les lézards. Il y a peu de champignons dans la futaie : c'est sous les pins qu'ils foisonnent ! Aussi, je vais y aller... Je n'aime rien tant au monde que la forêt avec ses champignons, ses fruits sauvages, ses scarabées, ses petits oiseaux, ses hérissons, ses écureuils et cette douce odeur mouillée des feuilles pourries !

Encore à cette heure où j'écris, je sens cette odeur de notre pin de la campagne. Ces impressions durent toute la vie.

Tout à coup, au milieu du plus profond silence, j'entends distinctement et clairement ce cri :

« Au loup ! Au loup ! »

Je pousse un cri de terreur ; hors de moi, épouvanté, et, toujours criant, je cours droit vers le moujik en train de labourer.

C'était notre moujik Marey. Ce nom existe-t-il ? Du moins tout le monde l'appelait ainsi ; un moujik d'une cinquantaine d'années, fort, haut de taille, avec beaucoup de poils blancs dans sa grande barbe d'un blond sombre. Je le connaissais bien, mais jusqu'alors il ne m'était guère arrivé de lui parler.

Il arrêta son petit cheval en m'entendant crier. Je fus bientôt près de lui et m'accrochai d'une main à sa manche et de l'autre à la charrue. Il remarqua ma terreur.

« Le loup ! » m'écriai-je tout suffoquant.

Il leva vivement la tête et regarda instinctivement autour de lui, me croyant réellement poursuivi.

« Où donc ?

— On a crié... Quelqu'un vient de crier : Au loup ! balbutiai-je.

— Qu'as-tu ? qu'as-tu ? quel loup ? Tu t'es trompé ! Oh ! mais... Quel loup peut-il y avoir ici ? » dit-il en adoucissant sa voix pour me rassurer.

Mais je tremblais toujours et m'accrochais plus fortement à son cafetan. Je devais être très pâle. Il me regardait avec sollicitude et paraissait inquiet de me voir dans cet état.

« Ah ! comme il a peur ! *Ah iaïe* ! dit-il en hochant la tête. Allons, mon enfant ! Allons, petit !

Il me caressa la joue.

— Calme-toi donc ! Le Christ ne t'abandonne pas. Fais le signe de la croix. »

Mais je ne pouvais faire le signe de la croix ! Les coins de mes lèvres tremblaient, et c'était ce qui paraissait l'intriguer le plus.

Il étendit doucement son doigt épais tout terreux, avec un ongle tout noir, et toucha légèrement mes lèvres.

« Vois-tu !... *Ah iaïe* !

Il eut un long sourire presque maternel.

— Mon Dieu ! Mais qu'est-ce que c'est ? Vois-tu !... »

Je compris enfin qu'il n'y avait pas de loup, et que le cri que j'avais entendu était une illusion de l'ouïe. (J'avais déjà plus d'une fois entendu des cris analogues. Plus tard, ces hallucinations passèrent avec l'enfance.)

« Eh bien ! Je m'en vais, dis-je en le regardant d'un air interrogatif et timide.

— Oui, va. Je te regarderai partir. Je ne te laisserai pas prendre par le loup, ajouta-t-il avec son étrange sourire maternel. Que le Christ soit avec toi ! Va. »

Il fit le signe de la croix sur moi et se signa lui-même.

Je partis, en me retournant tous les dix pas, et tant que je marchai, Marey resta immobile auprès de son cheval, me regardant comme il l'avait dit et me faisant signe de la tête quand je me retournais.

J'avais un peu honte de ma peur, je l'avoue. Pourtant elle n'était pas tout à fait passée. Elle ne cessa complètement qu'au moment où j'atteignis l'autre versant du fossé, tout près du premier bâtiment. Là, notre chien de garde Voltchok[1] vint en courant vers moi. Avec Vol-

---

[1] Petit loup.

tchok, j'étais tout à fait rassuré. Alors je me retournai pour la dernière fois vers Marey. Je ne pouvais plus distinguer son visage, mais je devinais qu'il continuait à me sourire tendrement tout en hochant la tête. Je lui fis un signe de la main, il me répondit de même et fouetta son cheval.

J'entendis encore dans le lointain : Hue ! Hue ! Et le petit cheval se remit à tirer la charrue…

D'où m'était venu ce souvenir ? Qui le sait ? Les détails avaient une étonnante précision. Je me dressai sur mon lit de planches, et je me rappelle avoir longtemps gardé sur mon visage le sourire des doux souvenirs. Et un moment encore, je voulus poursuivre cette trace laissée dans ma mémoire par cette heure de mon enfance.

En quittant Marey, je me gardai bien de raconter à personne mon « aventure ». Et quelle aventure ! D'ailleurs, j'oubliai bientôt Marey. Souvent par la suite je le rencontrai, mais sans essayer de lui parler ni du loup, ni de rien du tout…

Et tout à coup, maintenant, vingt ans après, en Sibérie, je me rappelais cette rencontre avec une singulière netteté, jusqu'au dernier trait.

C'est, sans doute, qu'elle s'était gravée d'elle-même dans mon âme, et si je me la suis rappelée à cette heure, c'est qu'il le fallait à cette heure… Et je revoyais ce sourire tendre et maternel d'un pauvre moujik serf, ses signes de croix, son hochement de tête, son : « Comme il a eu peur, le petit ! » Et surtout ce doigt épais, terreux, dont il avait avec une timide tendresse et si doucement touché mes lèvres tremblantes ! Certes, tout le monde est disposé à rassurer un enfant. Mais là, dans cette rencontre isolée, il était arrivé quelque chose de bien différent. J'aurais été son propre fils, qu'il n'aurait pu me regarder d'un air meilleur et plus affectueux. Et qui l'y obligeait ? Il était notre serf, et moi, – tout de même ! – j'étais son petit maître. Personne ne pouvait savoir combien il avait été bon pour moi ! Il n'y avait pas là de quoi le récompenser ! Peut-être aimait-il les petits enfants : c'est possible. En tout cas, la rencontre était isolée, dans un champ vide, et Dieu seul a pu voir d'en haut de quel profond sentiment de tendresse humaine, de quelle fine et presque féminine tendresse était rempli le cœur d'un moujik russe asservi, grossier et sauvage, et qui ne savait pas alors qu'il serait bientôt libéré.

En me levant de mon lit de planches, je jetai un coup d'œil autour de moi, et je sentis tout à coup que je pouvais maintenant regarder ces malheureux tout autrement que je l'avais fait quelques minutes auparavant ; par une sorte de miracle, la haine et la colère avaient complètement disparu de mon cœur. Je fis quelques pas en examinant les visages que je rencontrai. « Celui-ci, pensai-je, ce moujik tout rasé, ce paria ivre qui gueule sa chanson d'une voix enrouée, peut-être est-ce Marey ! Et si je pouvais fouiller dans son cœur… »

Dans la soirée, je rencontrai encore M…sky et je le plaignis.

Il n'avait aucun Marey dans ses souvenirs, et sa pensée était toute naturelle : « Je hais ces brigands ! »

Et puis, ces Polonais avaient souffert bien plus que nous.

Trad. Ély Halpérine-Kaminsky, 1888

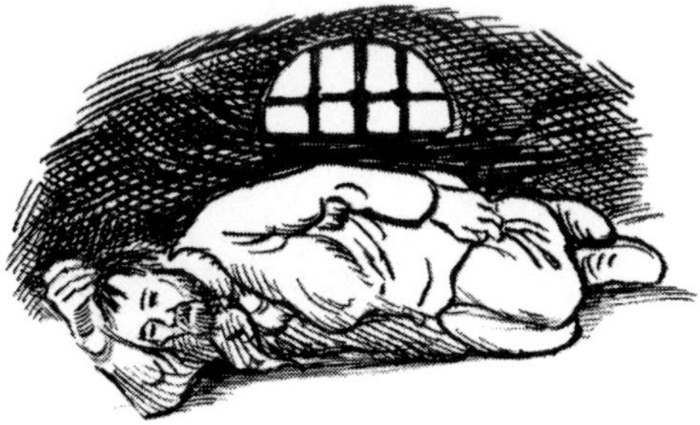

Les deux marchands

(adapté d'un conte russe traditionnel)

C'était le jour de Pâques.

Les cœurs russes vibraient d'une félicité ineffable. Les plus riches donnaient aux plus pauvres. L'or se répandait, la bonté se multipliait, les seigneurs ouvraient à deux battants la porte de leur palais et les humbles s'y précipitaient.

La fraternité commandée par le Sauveur était dans les âmes et les sanctifiait.

Sur le parvis de sa belle église aux murs majestueux ornés de figures d'anges, au dôme surmonté d'une coupole dorée, le pope Cyrille venait de bénir la foule. Lorsqu'elle se dispersa, il ne restait plus que les étals de deux marchands affairés à glaner quelques kopecks. Le pope les connaissait depuis fort longtemps. L'un, Nicolas, aimait Dieu et avait engrangé ses biens laborieusement et honnêtement. L'autre, Korch, s'était enrichi par le vol et l'usure. Nicolas donnait aux malheureux, aux déshérités, Korch les ruinait sans scrupules. On racontait qu'il s'était voué au diable et se livrait à des cérémonies maléfiques. Cyrille s'approcha d'eux et leur demanda, en fronçant les sourcils :

« Laquelle des richesses est préférable ? Celle honnêtement acquise ou l'autre ? »

En formulant sa question, il scruta leurs visages, attentif à la moindre réaction.

« Pourquoi, marmonna Korch, perdre son temps à réfléchir sur un tel sujet ? Ce n'est pas à nous de donner un avis, allons à l'entrée du village et interrogeons les trois premières personnes que nous rencontrerons. Posons-leur la question, et si elles pensent que la richesse honnête est préférable, je fais le vœu d'offrir à Nicolas tous mes biens. Dans le cas contraire, je récupérerai les siens ! »

Le pope, amusé, approuva la démarche. Les deux compères, le soir venu, se rendirent à l'endroit convenu.

En quelques heures le printemps était arrivé. Hier encore, les poêles chauffaient, les arbres aux branches dépouillées étaient entourés d'une terre couverte de givre. Aujourd'hui, l'herbe reverdissait, la nature bourgeonnait, le soleil brûlait sans quitter le firmament. Ses rayons, comme des flammes ardentes, dévoraient la rosée l'empêchant de rafraîchir le sol.

Une femme bottée comme un homme, les cheveux plaqués sous un bonnet de feutre, portant une espèce de robe qui ressemblait à une redingote, une pipe à la bouche, s'avança vers eux, suivie d'une douzaine d'oies. Korch lui demanda :

« Dis-nous, babouchka, d'après toi, est-il préférable de s'enrichir honnêtement ou de se rendre complice de forfaitures pour faire fortune ? » La vieille interloquée, les regarda. Les rabats de son bonnet prirent un air désespéré.

« Je crois répliqua-t-elle, que la richesse obtenue malhonnêtement est la meilleure ! »

Un jars menaçant découragea Nicolas de poursuivre l'entretien.

Non loin de là, un paysan travaillait son champ, nu-tête, en pelisse courte déboutonnée, le menton recouvert d'une barbe ébouriffée, il martelait le sol à coup de pioche. Korch formula la même demande :

« Malhonnêtement », maugréa l'autre sans hésiter.

Au loin la foudre gronda et des éclairs sillonnèrent le ciel. La lourde chaleur risquait de se dissiper dans des trombes d'eau.

« Et pour quelle raison ? » s'écria Nicolas, abasourdi par ce qu'il venait d'entendre. Le moujik lui tourna le dos et se remit à la tâche.

Korch savourait sa joie, prenait du plaisir à voir la mine contrite de Nicolas. Il s'esclaffa :

« Tu sembles découvrir la nature humaine ! Ce n'est pas la peine de continuer, donne-moi ta fortune ! Tu as perdu.

— Attendons l'avis d'une troisième personne », s'exclama Nicolas de plus en plus consterné.

La nuit tombait rapidement. L'honnête marchand s'approchant d'une fenêtre éclairée par une chandelle aperçut le reflet de sa triste mine. Le verrou d'une porte claqua et les roues d'une charrette grincèrent. Ces bruits firent sortir Nicolas de sa torpeur. Devant lui un curieux bonhomme décrépit, appuyé sur une canne, était assis sur une large pierre en bordure du chemin. Une pelisse en peau de mouton couvrait ses frêles épaules.

« Bonsoir mon ami, lui dit-il. Nous souhaitons avoir ton avis. D'après toi, celui qui fait fortune en profitant de la détresse des autres est-il condamnable ?

— Pas du tout, fit le grison en grattant doucement sa barbe. Une richesse malhonnêtement acquise n'est pas blâmable !

— Enfin, pense à ce que tu racontes ! Au seuil de la mort ta conscience devrait t'éclairer, vieux radoteur.

— Je t'ai donné mon opinion ainsi que tu me l'as demandé, mais rien ne t'empêche de croire le contraire… »

Un coup de tonnerre fit trembler les vitres des maisons à l'entour. Terrifié, l'homme se sauva.

« Tu as perdu ton pari, Nicolas, retournons voir le pope, et en sa présence tu me remettras ta fortune ! »

L'honnête marchand honora sa parole et donna tout ce qu'il possédait à Korch. Des larmes perlèrent sur les joues de Cyrille :

« Ne pleure pas, saint homme. Dieu est tout-puissant, que Son nom soit béni !

— Puisque telle est Sa volonté, je vivrai désormais comme un mendiant », déclara Nicolas.

Il décida de quitter la ville qu'il aimait et de se rendre là où le sort dorénavant le conduirait.

Au terme de sa première journée d'errance, il arriva au bord d'un grand lac. Accroché aux racines d'un vieux saule, la coque à moitié enlisée, un bateau avait trouvé là un salutaire refuge.

« Quelle aubaine, pensa Nicolas. Je vais m'y installer pour la nuit. »

Avec précaution il monta à bord et s'endormit. Au milieu de la nuit, un bruit énorme le réveilla. Il se leva, se dirigea vers la porte de la cabine, l'ouvrit, et fut saisi de frayeur. L'espace de la pièce était envahi de créatures monstrueuses : certaines, cornues, hurlaient contre d'autres avec une queue et un mufle de chien, tandis que d'autres encore, avec des oreilles d'âne, s'invectivaient entre elles. Nicolas comprit qu'il avait affaire à une cohorte de diables se livrant à une sarabande infernale. Apeuré il se dissimula derrière le montant de la porte, retenant sa respiration.

Soudain un épouvantable démon apparut : Satan lui-même, maître de toutes les forces du mal de l'univers, se matérialisa. Toute sa légion se tut, s'inclina en silence. Une forte odeur de soufre se répandit autour de lui. Il s'assit, croisa ses pieds fourchus et prit la parole :

« Eh bien, mes fidèles, racontez-moi ce que vous avez fait aujourd'hui... Quelles âmes avez-vous corrompues ? Quelle action néfaste a illuminé le mieux vos rencontres ? Quelle famille avez-vous détruite ? Lequel d'entre vous aura ma préférence ? »

Les diablotins, après avoir salué leur maître, exposèrent à tour de rôle leurs forfaits.

« Mon prince, s'écria le plus laid, ce matin j'ai remarqué une jeune fille, au bord du lac, venue puiser de l'eau. C'était la seule enfant d'une pauvre veuve à la santé fragile. Lorsqu'elle s'est penchée en plongeant sa cruche dans l'eau... je l'ai poussée et elle s'est noyée !

— J'ai donné l'idée à un gamin, raconta un autre, de jouer avec le fusil de son père. Au moment où le petit regardait dans le canon j'ai rabattu le chien de l'arme : l'enfant tomba raide mort !

— J'ai fait livrer une amphore de vin, enchérit le troisième, à un brave homme. Il s'est enivré, a battu ses enfants, a injurié sa femme, ses voisins, et finalement a tué son frère qui s'interposait…

— Moi, se glorifia le quatrième, je me suis approché de deux frères qui jouaient aux cartes. J'ai provoqué querelle : elle dégénéra, et se termina à coups de poignards ! »

Satan se tourna vers l'un de ses adeptes préférés. Honoré d'être regardé par son mentor, il raconta son méfait :

« Inspirant un vieux pope, j'ai contraint deux marchands, l'un honnête, l'autre non, à engager un pari absurde devant déterminer quelle sorte de richesse était préférable, de l'honnête ou de la malhonnête. Je me suis tout d'abord travesti en babouchka, puis en paysan et finalement en vieux grison… Au terme de mon entreprise, l'honnête marchand s'est trouvé dans l'obligation de céder ses biens à la canaille. Le brave homme n'a même plus un kopeck pour acheter un morceau de pain !

— C'est parfait, glapit le prince des ténèbres. Mais toi, dit-il au dernier des diablotins resté muet dans cette assemblée, qu'as-tu fait ?

— Il y a, maître, non loin d'ici, un royaume gouverné par un seigneur vertueux. Son fils dont il est fier, adoré par le peuple pour sa bravoure, sa bonté, son âme chevaleresque a grâce à moi perdu la raison. Le jeune héritier est devenu amnésique après avoir bu de l'eau arrangée à ma façon. Les plus grands médecins, les plus illustres du monde, sont à son chevet. Aucun n'a pu discerner l'origine de son mal. Il restera fou jusqu'à la fin de son existence, à moins de le soigner comme je vais vous le raconter », finit-il par dire à son maître.

Satan se leva, encouragea ses monstres à poursuivre leurs folies, les félicita de leur zèle, et disparut en un instant.

Le jour, ennemi des forces du mal, commençait à poindre, les démons s'estompèrent dans la grisaille de l'air à leur tour.

Nicolas remercia Dieu de lui avoir permis d'entendre ces paroles, de comprendre ainsi comment il avait été abusé.

« Seigneur, pensa-t-il, peut-être un jour, grâce à votre bonté, pourrai-je reconquérir mes biens si injustement détournés… »

Il s'agenouilla, récita une fervente prière, se signa et se mit en route vers le royaume où le diable avait privé le prince de la raison. En approchant du palais, il croisa une foule de personnes en deuil. Une rumeur confuse de pleurs, de flûtes funèbres, de tambours sinistres courait les rues et les chemins. Exténué, il s'assit devant une échoppe, ses membres fatigués commençaient à devenir douloureux. Sa présence intrigua le marchand. Ce dernier s'approcha de lui.

« Quel malheur a frappé votre ville ? demanda Nicolas.

— Seul un étranger peut poser une telle question ! Ne sais-tu pas que notre jeune prince a perdu la raison ? Aucun médecin, guérisseur ou sorcier n'a réussi encore à le guérir. Le khan a promis de donner la moitié de son royaume à celui qui y arrivera ! »

Nicolas après avoir repris quelques forces, se leva, salua le boutiquier et se dirigea vers le palais. Devant les portes monumentales se pressait une multitude de curieux, de vizirs, de nadirs, de pachas. Il se prosterna devant eux.

« Que veux-tu, étranger ? interrogea une voix.

— Voir le khan, articula doucement notre voyageur.

— Impossible, il ne sort plus de ses appartements, ne veut plus voir personne. Repars d'où tu es venu, laisse nous affronter notre malheur, reprit en chœur une partie de la foule.

— Je tiens à le rencontrer car je pense être capable de guérir le tsarévitch. »

Les vizirs et les nadirs, interloqués, le toisèrent d'un regard défiant :

« Comment toi, un mendiant, tu prétends guérir le fils du khan ? Sais-tu que les meilleurs savants s'y sont employés sans réussite ?

— Je le guérirai », leur répétait Nicolas.

Devant cette affirmation un des vizirs décida de se rendre chez le khan, le sachant prêt à accepter n'importe quelle suggestion susceptible de soigner son cher fils.

À peine prévenu, le khan ordonna à ses gardes d'aller quérir cet étranger. Nicolas se prosterna devant lui jusqu'à terre.

« Tu prétends réussir là où tous les médecins ont échoué ?

— Je l'espère avec l'aide de Dieu ! répliqua Nicolas.

— Écoute, mon ami, si tu sauves mon fils, je te donnerai la moitié de mon royaume. Je te couvrirai de richesses !

— Mène-moi auprès du prince et demande à tes domestiques de faire tout ce que j'ordonnerai. »

Le khan obtempéra, le conduisit dans la chambre du malheureux, et le traitement débuta.

Quelques heures plus tard, le jeune homme se sentit mieux, la raison lui revint par bribes, puis complètement. Le seigneur pleura de joie, il prit Nicolas dans ses bras et lui réitéra son offre.

« Non puissant khan, je ne veux rien. Je ne suis qu'un homme de condition modeste. Garde tes richesses ! lui dit Nicolas. C'est à toi qu'elles sont échues par la volonté de notre Seigneur ! »

Le khan, émerveillé devant ce désintéressement, ordonna à ses ministres d'ouvrir les caisses du trésor afin que Nicolas y pût puiser autant d'or qu'il souhaiterait. Le marchand récupéra exactement l'or qu'il possédait avant sa funeste gageure. Nanti soudainement de trois boisseaux d'or, de trois d'argent et de trois autres de pierres précieuses, ainsi que de vingt et un superbes chevaux, Nicolas prit congé du khan et retourna chez lui.

Tout à coup, sur le chemin, à l'entrée de la ville, apparut le marchand malhonnête qui ne manqua pas d'interroger le brave marchand :

« N'es-tu pas celui auquel j'ai ravi la fortune ? Par quel enchantement as-tu retrouvé tes richesses ?

Nicolas, amusé, décida de lui jouer un bon tour.

— Korch, je vais te faire une confidence. Après mon départ, j'ai acheté un sac de raisins secs, je suis allé au bord du grand lac, y ai trouvé un vieux bateau échoué et avant d'y dormir, j'ai répandu dans l'eau du lac tous les raisins. Les poissons reconnaissants, à l'aube, m'ont couvert de ces richesses… »

Le compère tourna les talons à la vitesse de l'éclair, acheta immédiatement cinquante sacs de raisins secs, loua des chameaux pour les transporter auprès du lac, et après avoir repéré le bateau déversa les sacs de raisins dans les flots tumultueux. Il renvoya les chameliers de peur que ces derniers n'eussent connaissance du secret, et attendit le matin tandis que les poissons du lac frétillaient, scintillaient en lamelles d'argent au gré du courant en se précipitant sur les grains de raisin. Lorsque la nuit commença à tomber, il fut réveillé par un effrayant vacarme. À l'instar du marchand honnête, il ouvrit la porte d'où venaient les bruits et se tapit derrière en apercevant les diablotins. Ils se mirent à hurler, hennir, piauler, bondir, pirouetter jusqu'à l'apparition de Satan. Le prince des légions les interrogea comme chaque nuit. L'une des créatures, celle d'ailleurs qui avait privé de sa raison le fils du khan, sautilla vers son maître et lui fit part de son dépit :

« Daignez écouter mes doléances, maître. Je suis retourné chez le jeune prince que j'avais rendu amnésique. Quel fut mon étonnement lorsque je le vis heureux, sain d'esprit. J'ai tourné et retourné dans ma tête les raisons de cette guérison. Comme je n'ai dévoilé qu'ici la manière de soigner efficacement ce garçon, je pense que tout a été entendu par quelqu'un sur ce bateau dont il faut, à mon avis, immédiatement visiter les coins et les recoins. Sans doute trouverez-vous ce traître, car ayant surpris un secret il souhaitera désormais en découvrir d'autres… »

Satan ordonna de fouiller l'épave. Le marchand malhonnête ayant trouvé refuge sous les sacs vides ne tarda pas à se faire prendre.

« C'est donc toi qui es venu nous espionner ! hurlèrent les démons. Ton sort est réglé !

— Non, non, ce n'est pas moi ! » criait Korch, suppliant les créatures maléfiques de l'épargner.

Mais la pitié n'est pas un sentiment qui anime les forces du mal. Les démons le jetèrent dans le lac sans autre forme de procès.

Au petit jour les chameliers revinrent le chercher mais aucun signe de vie n'apparut. Le marchand avait disparu comme les sacs de raisins.

Le dimanche suivant, le pope Cyrille pria en son église pour le repos de l'âme de ce triste sire, et répéta avec allégresse à ses ouailles :

« Dieu est tout-puissant, que Son nom soit béni ! »

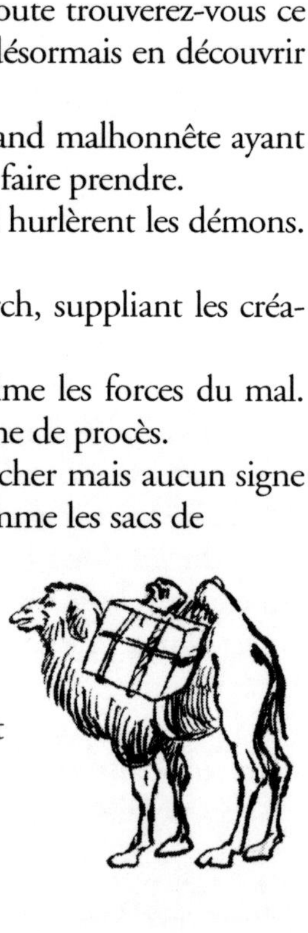

Le poisson de Notre-Seigneur

Alexandre Kouprine

Cette antique et charmante légende me fut contée à Balaklava par le patron d'une barque de pêche, Kolia Kostandi, un vrai « Grec salé », excellent marin et pochard insigne.

Il m'initiait dans ce temps-là aux étranges arcanes de l'halieutique. Il m'enseignait à nouer le nœud marin, à remailler les filets déchirés, à amorcer les hameçons pour la pêche à l'esturgeon, à poser et rincer les nasses, à lancer les araignées à éperlans, à sortir le mulet des trémails, à faire frire le chabot, à détacher au couteau les bigorneaux incrustés sur les rochers, à manger toutes crues les crevettes, à connaître d'après le ressac du jour le temps qu'il fera la nuit, à hisser la voile, à relever l'ancre, à mesurer la profondeur du fond.

Patiemment il m'expliquait les différences de caractères et de direction des vents : le *sirocco*, le levant, la tramontane, le *bora*, le bienveillant vent du large et le capricieux vent de terre.

C'est à lui que je dois de connaître les coutumes et les superstitions des pêcheurs en temps de pêche. Il ne faut pas siffler ; il n'est permis de cracher que par-dessus bord. On ne doit pas nommer le diable, bien qu'on puisse en cas d'insuccès maudire sa foi, sa tombe, son cercueil, son âme, ses aïeux, ses yeux, sa rate, etc., etc. Il est bon de laisser sur les engins, comme par inadvertance, quelques petits poissons oubliés, cela porte bonheur. Dieu nous préserve, quand la barque est encore en mer, de rejeter à l'eau rien qui puisse se manger !

Mais la chose la plus horrible, la plus impardonnable, la plus malfaisante, c'est de demander au pêcheur : « Où vas-tu ? » Qui pose cette question risque fort d'être battu.

C'est aussi Kolia qui m'a parlé de la manière dont on retire de l'hameçon le *dracus*, poisson venimeux qui ressemble à un petit maquereau, des abcès que provoque la perche par la piqûre de ses nageoires, de la terrible double queue de la torpille électrique, de l'art avec lequel le crabe dévore l'huître après avoir introduit entre ses valves un petit caillou.

Mais combien de récits étranges et mystérieux n'ai-je pas encore entendu conter par Kolia, pendant ces heures calmes de la nuit, au début de l'automne, alors que notre canot ballottait doucement au milieu de la mer, loin des côtes perdues de vue, et qu'à deux ou trois, sous la jaune lumière des falots, nous humions sans hâte le jeune vin rosé du pays, qui fleure le raisin fraîchement pressé.

« Au milieu de l'Océan vit un serpent long d'un mille. Rarement, une fois tous les dix ans au plus, il monte du fond à la surface, pour respirer. Autrefois ils étaient nombreux, mâles et femelles, mais ils firent tant de mal aux pauvres petits poissons que le Bon Dieu les condamna à la destruction. À présent il ne reste plus qu'un seul vieux mâle, âgé de mille ans, qui termine dans la solitude ses derniers jours. Les marins de jadis l'ont vu, tantôt ici, tantôt là, dans toutes les contrées du monde et sur tous les océans. »

« Quelque part, au milieu des mers, vit encore, sur une île déserte, dans une profonde grotte sous-marine, le roi des Homards. Quand il frappe ses pinces l'une contre l'autre, une violente agitation fait bouillonner la surface de l'eau. »

« Les poissons ont leur langage, nul marin ne l'ignore. Ils se font part, mutuellement, des divers dangers, des pièges humains, et un pêcheur novice, maladroit, peut gâter pour longtemps une place heureuse s'il laisse échapper un poisson de ses filets. »

J'ai ouï parler aussi par Kolia du Vaisseau Fantôme aux voiles noires et à l'équipage de trépassés. D'ailleurs, sur toutes les côtes de l'Europe, on connaît cette terrible légende et l'on y ajoute foi.

Mais de toutes les histoires qu'il m'a contées, voici celle dont la naïveté m'a le plus touché.

Une fois à l'aurore, quand le soleil n'était pas encore levé, que le ciel était couleur d'orange et que sur la mer erraient des brumes rosées, nous étions, Kolia et moi, occupés à relever les filets posés la veille au soir en travers de la côte pour prendre le maquereau. La pêche était tout à fait mauvaise. Dans les mailles s'étaient entortillés une centaine de maquereaux, cinq ou six perches, quelques dizaines de gros carassins dorés et une grande quantité de méduses gélatineuses, aux tons de moire, pareilles à d'énormes chapeaux de champignons incolores avec une multitude de pédoncules.

Cependant je découvris encore un poisson, très étrange, que jusqu'alors je n'avais jamais vu. Ovale, plat, frangé de poils serrés, menus, transparents, il aurait aisément tenu dans la paume d'une main de femme. La tête, petite, portait des yeux noirs, cerclés d'or, extraordinairement mobiles, qui ne ressemblaient guère à des yeux de poisson. De chaque côté du corps à la belle couleur dorée, uniforme, s'étalaient deux taches noires, chacune de la grandeur d'une pièce d'argent, mais de forme irrégulière et d'une superbe nuance bleu de ciel comme aucun peintre n'en possède à sa disposition.

« Regardez, me dit Kolia, voilà le *poisson de Notre-Seigneur*. Il ne se fait pas prendre souvent. »

Nous le mîmes d'abord dans l'écope du bateau et, plus tard, en rentrant à la maison, je versai de l'eau de mer dans une grande cuvette émaillée et j'y lâchai le *poisson de Notre-Seigneur*. Il se mit à nager rapidement tout autour de la cuvette dont il frôlait les bords et toujours dans la même direction. Quand on le touchait il émettait un petit son à peine perceptible, bref, étouffé, et précipitait sa course interrompue. Ses yeux noirs tournoyaient, ses innombrables petits poils scintillaient, faisaient rapidement frissonner et ondoyer l'eau.

Je voulais le garder pour le porter à Sébastopol, à l'Aquarium de la station biologique, mais Kolia me dit avec un geste découragé :

« Inutile ! Il ne survivra pas. C'est un poisson comme cela : si on le sort de la mer, ne fût-ce qu'une seconde, il meurt tout de suite. C'est le *poisson de Notre-Seigneur.* »

Vers le soir il mourut en effet. La nuit suivante, assis dans la barque, le souvenir m'en revint et je demandai : « Kolia, pourquoi nomme-t-on ce poisson, le *poisson de Notre-Seigneur* ?

— Voici pourquoi, me répondit Kolia, pénétré d'une foi profonde.

Écoutez ce que racontent les vieux Grecs de chez nous. Lorsque Jésus-Christ, Notre-Seigneur, ressuscita le troisième jour, personne ne voulait croire en Lui. On Lui avait vu faire en sa vie beaucoup de miracles, mais ce miracle-là, on ne pouvait l'admettre.

Il fut renié par les disciples, renié par les apôtres, renié par les saintes femmes. Alors Il vint chez sa Mère. Or à ce moment, elle se tenait près du foyer, et faisait frire un poisson destiné à son souper et à celui de ses proches.

Le Seigneur lui dit :

« Salut ! Me voici, moi ton Fils, ressuscité comme il a été prédit dans l'Écriture. La paix soit avec toi. »

Mais elle se mit à trembler et s'écria pleine d'effroi :

« Si Tu es vraiment Jésus, mon Fils, accomplis un miracle afin que je croie en Toi. »

Notre-Seigneur sourit de ce qu'elle n'avait pas foi en Lui et dit :

« Voilà : je vais prendre ce poisson qui est là sur le feu et je lui rendrai la vie. Croiras-tu en moi alors ? »

À peine avait-Il effleuré de ses doigts le poisson pour le soulever en l'air, que celui-ci se mit à frétiller et revint à la vie.

Alors la Mère du Seigneur eut foi dans le miracle, salua avec joie son Fils ressuscité. Et depuis lors ce poisson garde deux taches azurées, traces des doigts de Notre-Seigneur. »

C'est en ces termes que me fut contée l'antique légende par un brave pêcheur qui n'était pas grand clerc. Quelques jours après j'appris que le *poisson de Notre-Seigneur* s'appelait encore le *poisson de Zeus*. Qui trouvera dans la nuit des âges l'origine de ce mythe ?

Trad. Henri Mongault

La petite poule chamarrée

(adapté d'un conte traditionnel)

Il y a bien longtemps de cela, vivaient à l'orée d'un village isolé, dans une grande pauvreté, un vieil homme et une vieille femme. Le mari s'appelait Vassili et sa compagne Alenouchka. Une petite isba démunie de tout leur servait de refuge. Ils vivaient dans une telle indigence qu'aucune bête ne rôdait alentour, n'ayant rien à espérer...

Or il advint qu'un matin, en cette fin d'hiver, alors qu'il s'en allait puiser un peu d'eau, Vassili aperçut près d'un bouleau un loup malingre et chétif qui détala à son approche. Intrigué, le vieil homme découvrit au creux de l'arbre une petite poule chamarrée. Apeurée, elle s'y était abritée toute la nuit afin d'échapper à la convoitise du prédateur. De longues heures, l'animal était resté à flairer les fentes de l'écorce.

Vassili se demanda par quel miracle la poule s'était aventurée si près de la maison. Attendri, il décida de l'emporter. Quelle surprise pour sa vieille Alenouchka !

Dans l'isba, il fit un nid en tressant quelques fines branches de tremble et le plaça près du poêle, sous un banc. La petite poule chamarrée, plus morte que vive, s'endormit.

Le lendemain, pour les remercier, elle pondit un œuf merveilleux, tout en or.

Étonnés et fiers, ils le posèrent sur la table, dans un petit récipient de bois. Alenouchka ne savait pas quoi faire de cet œuf extraordinaire ! Elle cogna dessus à plusieurs reprises, espérant le casser, mais rien n'y fit. À son tour, Vassili tenta de le briser sans succès.

« Cet œuf, aussi beau soit-il, ne nous sera d'aucune utilité, et si des brigands apprennent son existence, nous risquons même le pire ! » se lamentèrent-ils.

Ne pouvant ni le casser, ni le manger, leurs visages devinrent moroses et ils se mirent à pleurer.

Dans la nuit, une souris grise vint à courir sur la table et sa longue queue s'accrocha à l'œuf. Il tomba et se brisa.

Un vent violent se leva. La porte de l'isba ne résista pas, elle s'ouvrit brusquement en grinçant. La poussière tourbillonna devant la cheminée, les battants de la fenêtre claquèrent, le toit de la maison se pencha.

Réveillés en sursaut, le vieil homme et la brave femme, angoissés, se crurent assiégés par une horde de bandits ! Mais quelle ne fut pas leur tristesse lorsqu'ils virent sur le sol les mille éclats de l'unique œuf de leur petite poule…

Le vent violent s'engouffrait, la poussière tourbillonnait, les battants des volets claquaient, le toit de la maison penchait.

La petite poule chamarrée dit alors :

« Ne crains rien, Vassili,
N'ai pas peur, Alenouchka !
Poussière, ne tourbillonne plus !
Battants de la fenêtre, ne claquez plus !
Toit, ne penche plus !
Je vous pondrai bientôt d'autres œufs plus utiles que celui-là. »

Quelques jours plus tard, tenant sa promesse, la petite poule chamarrée pondit des œufs magnifiques. Les reflets nacrés de leur coquille brillaient comme ceux d'un trésor.

Dans le ciel, l'astre se mit à briller davantage :

« Soleil, notre lumière, s'exclama Vassili, toi qui parcours le ciel, qui chasses l'hiver et nous ramènes le doux printemps, porte notre prière. Protège notre petite poule chamarrée ! Ces œufs qui nous sont offerts, don de la bonté divine en ce jour de Pâques, comme notre Sauveur, nous rendent l'espérance et la vie ! »

La nuit de Pâques

Anton Tchékhov

J'attendais sur une rive de la Goltva le bac, venant de l'autre rive. En temps ordinaire, la Goltva est une rivière de moyenne grandeur, silencieuse et pensive, qui brille modestement sous des roseaux épais ; mais, à présent, un vaste lac s'étalait devant moi. Les eaux printanières, débridées, débordant les deux rives, avaient tout submergé alentour, recouvrant les potagers, les prés et les marais, en sorte qu'il n'était pas rare de rencontrer à la surface des eaux des peupliers et des buissons qui émergeaient solitaires, pareils, dans l'obscurité, à des rochers rébarbatifs.

Le temps me semblait magnifique. Il faisait noir, et pourtant je distinguais les arbres, l'eau et les gens... Les étoiles, qui semaient à champ tout le ciel, éclairaient le monde. Je ne me souviens pas d'avoir vu à aucun autre moment autant d'étoiles. Littéralement, on n'eût su où fourrer le doigt au travers. Il y en avait de grosses comme un œuf d'oie, et de petites comme un grain de lin... Elles étaient, pour la fête, apparues toutes dans le ciel, de la plus petite à la plus grande, lavées, renouvelées, joyeuses, et toutes, jusqu'à la dernière, scintillaient de tous leurs rayons. Le ciel se reflétait dans l'eau, et les étoiles se baignaient dans sa sombre profondeur, tremblant avec la houle légère. L'air était doux... Au loin, sur l'autre rive, dans l'obscurité sans fond, brûlaient çà et là quelques feux rouge vif...

À deux pas de moi se dessina la silhouette d'un moujik à chapeau haut, tenant un gros bâton noueux.

« Comme il y a longtemps tout de même, dis-je, qu'il n'y a pas de bac !

— il devrait être là, me répondit la silhouette.

— Tu l'attends toi aussi ?

— Non pas... fit le moujik en bâillant. J'attends la *lumination.* J'aurais été de l'autre côté, mais il faut dire que je n'ai pas les cinq kopecks du passage.

— Je te les donnerai.

— Non, grand merci... Mets pour moi tout à l'heure un cierge au couvent pour ces cinq kopeks ; ce sera plus profitable. Moi, je peux rester ici. Dis un peu, pas de bac ?... C'est comme s'il avait coulé dans l'eau !

Le moujik s'approcha tout au bord de l'eau, prit le câble et cria :

— Iéronyme ! Iéronyme ! »

Comme une réponse à son cri, le son prolongé de la grosse cloche retentit sur l'autre rive. Ce son était bas, plein, comme celui de la plus grosse corde d'une contrebasse. Il semblait que ce fût les ténèbres mêmes qui eussent râlé. À l'instant même, on entendit un coup de canon. Il vibra dans l'obscurité et s'éteignit en roulant quelque part au loin, derrière mon dos. Le moujik quitta son chapeau et se signa :

« Le Christ est ressuscité ! » dit-il.

Les vagues du premier coup de cloche n'avaient pas encore eu le temps de mourir que l'on entendit un second coup, puis tout de suite après, un troisième, et les ténèbres s'emplirent d'un vrombissement continu. Puis des feux rouges, de nouveaux feux s'allumèrent, et tous se mirent à scintiller ensemble, bougeant inquiètement çà et là.

« Iéronyme ! appela une voix traînante et sourde.

— On crie de l'autre rive, dit le moujik. Il n'y a donc pas de bac là-bas non plus. Notre Iéronyme s'est endormi. »

Les feux et le son velouté de la cloche attiraient… Je commençais à perdre patience et à m'agiter, mais voici qu'en scrutant le lointain obscur, j'aperçus la silhouette de quelque chose de très ressemblant à une potence. C'était le bac si attendu. Il s'avançait avec une telle lenteur que, sans le dessin de plus en plus accentué de ses contours, on eût pu croire qu'il restait en place ou se dirigeait vers l'autre rive.

« Vite, Iéronyme ! cria le moujik. Le bârine[1] attend. »

Le bac glissa jusqu'au rivage et s'arrêta en grinçant. Halant sur le câble s'y trouvait un homme de grande taille, en soutane de moine et bonnet conique.

« Pourquoi avez-vous été si long à venir ? demandai-je en entrant dans le bac.

— Excusez-moi au nom du Christ ! répondit doucement Iéronyme. Il n'y a plus personne ?

— Personne… »

Iéronyme saisit la corde des deux mains et, ahanant, se courba en forme de point d'interrogation. Le bac grinça et oscilla. La silhouette du moujik au chapeau haut s'éloignait lentement ; donc le bac flottait. Bientôt Iéronyme se redressa et ne tira plus que d'une main. Nous nous taisions et regardions la rive vers laquelle nous voguions.

Là-bas commençait la « lumination » qu'attendait le moujik. Au bord de l'eau flambaient, comme de grands brasiers, des tonneaux enduits de goudron. Leurs reflets, rouges comme la lune qui se lève, glissaient en bandes longues et larges à notre rencontre. Les tonneaux flambants éclairaient leur propre fumée et les longues ombres des gens qui passaient devant le feu. Mais sur les côtés et derrière eux, à l'endroit d'où venait le son velouté, régnait une même buée noire et opaque… Soudain, rayant les ténèbres comme un ruban d'or, une fusée s'envola vers le ciel. Elle décrivit une courbe et, comme s'étant

---

[1] Seigneur, monsieur.

brisée contre le ciel, se répandit en étincelles crépitantes. De la rive parvint un grondement, semblable à un hourra éloigné.

« Que c'est beau ! dis-je.

— On ne peut pas l'exprimer ! soupira Iéronyme. Une nuit pareille, monsieur !... À d'autres moments, on ne ferait aucune attention à une fusée, mais aujourd'hui on se réjouit de la moindre vanité !... D'où est-ce donc que vous êtes ?

Je dis d'où je venais.

— Ah ! C'est ça, monsieur... C'est aujourd'hui un jour de joie... poursuivit Iéronyme d'une voix de ténor, aussi faible que celle d'un convalescent. Le ciel et la terre et ce qui est dessous se réjouissent. Toute créature est en fête. Pourtant, dites-moi pourquoi, mon bon monsieur, l'homme, même dans une grande joie, ne peut oublier ses peines ? »

Il me sembla que cette question inattendue m'invitait à une de ces interminables conversations édifiantes qu'aiment tant les moines désœuvrés et moroses. Je n'étais pas disposé à beaucoup parler, aussi demandai-je seulement :

— Quelles peines avez-vous, mon ami ?

— Des peines ordinaires, comme celles de tous les hommes, Votre Noblesse, mon bon monsieur ; mais, aujourd'hui il y a eu au monastère un grand chagrin. À la messe même, pendant la lecture de l'Évangile, l'archidiacre Nicolaï est mort...

— Eh bien, dis-je, en prenant un ton monastique, à la volonté de Dieu ! Chacun doit mourir. Et, selon moi, vous devez même vous réjouir... On dit que ceux qui meurent la veille ou le jour de Pâques voient infailliblement le Royaume des Cieux.

— C'est vrai. »

Nous nous tûmes. La silhouette du moujik au chapeau haut s'était fondue dans la berge. Les tonneaux goudronnés flambaient de plus belle.

« L'Écriture et la réflexion montrent la vanité du chagrin, dit Iéronyme, rompant le silence ; mais pourquoi l'âme souffre-t-elle et ne veut-elle pas écouter la raison ? Pourquoi a-t-on envie de pleurer amèrement ?

Iéronyme leva les épaules, se tourna vers moi, et dit rapidement :

— Que je sois mort, ou n'importe qui, cela n'eût peut-être pas été remarqué, mais c'est Nicolaï qui est mort !... Lui et pas un autre !... Il est difficile de se figurer qu'il n'est plus de ce monde !... Je suis ici sur le bac, et il me semble toujours entendre sa voix m'appeler de l'autre rive. Pour que je n'aie pas peur sur le bac, il venait toujours sur la rive et m'appelait. La nuit, il se levait même exprès pour cela. C'était une bonne âme. Mon Dieu, qu'elle était bonne et charitable ! Certains hommes n'ont pas une mère aussi bonne que l'était pour moi Nicolaï. Seigneur, sauvez son âme !

Iéronyme reprit le câble, mais il se retourna tout de suite vers moi.

— Votre Noblesse, me dit-il d'une voix chantante, quel esprit lumineux il avait !... Quelle langue harmonieuse et douce !... Juste ce que l'on va chanter à l'instant à la messe de minuit : *Oh ! Ton aimable voix, oh ! Ta voix la plus douce !...* En plus de toutes ses qualités humaines, il avait un don extraordinaire.

— Quel don ? demandai-je.

— Le moine me regarda attentivement et, comme se convainquant que l'on pouvait se fier à moi, il se mit à dire, en riant gaiement :

— Il avait le don d'écrire des cantilènes[1]... C'était un véritable prodige, monsieur ! Vous en serez étonné si je vous l'explique. Notre père archimandrite est de Moscou, le père sous-prieur sort de l'Académie de Kazan[2], nous avons des moines-prêtres qui ont beaucoup d'esprit et aussi des solitaires, et, dites-moi, de grâce, pourquoi il n'y en a pas un qui sache écrire une cantilène, et pourquoi Nicolaï, un simple moine, un moine-diacre, qui n'avait étudié nulle part, qui n'avait même pas d'extérieur, en écrivait ! C'était un miracle ! Un vrai miracle !

Iéronyme ouvrit les mains, et, oubliant tout à fait le câble, continua avec transport :

---

[1] Exactement des acathistes (louanges, oraisons, office), longues hymnes à la gloire du Sauveur, de la Vierge et des saints, à l'imitation de l'hymne acathiste écrit en commémoration de la défaite des Avares en 626. (NDT)

[2] Académie ecclésiastique. (NDT)

— Le père sous-prieur peine pour composer des sermons. Quand il a écrit l'histoire de notre monastère, il a mis tous les frères à l'œuvre, et il est allé dix fois en ville. Et Nicolaï, lui, écrivait des cantilènes ! Des cantilènes, vous entendez ? C'est autre chose que des sermons ou de l'histoire !

— Est-il donc difficile d'écrire des cantilènes ? demandai-je.

— C'est d'une grande difficulté… répondit Iéronyme, hochant la tête. Ni la sagesse, ni la sainteté n'y servent de rien, si Dieu ne vous a pas accordé le don. Les moines qui n'y entendent rien jugent qu'il n'y a qu'à connaître la vie du saint que l'on veut célébrer, et à se conformer aux cantilènes qui existent… Mais cela n'est pas juste, monsieur ! Évidemment, celui qui écrit une cantilène doit connaître à fond l'histoire de son saint dans le moindre détail. Il doit se conformer à celles qui existent, savoir la façon de commencer et ce qu'il y a à écrire. Pour vous donner un exemple, la première partie (*kondak*) commence toujours par « Choisi » ou « Élu »… Le premier *ikos*[1] par le mot ange. L'oraison du « Très doux Jésus », si cela vous intéresse, commence ainsi : « L'ange créateur et Seigneur des forces… » Celle de la très sainte Mère de Dieu commence ainsi : « L'ange annonciateur fut envoyé des cieux… » Celle de Nicolas le Thaumaturge, ainsi : « Ange d'apparence et de substance terrestre… » etc. On commence partout par le mot ange. On ne peut pas faire autrement, mais le principal, n'est pas la vie du saint et n'est pas la concordance avec les modèles. Le principal est la beauté et la suavité de l'ensemble. Il faut que tout soit élégant, concis et circonstancié. Il faut, dans chaque ligne, de la délicatesse, de la caresse, de la tendresse ; il ne faut pas un mot grossier, ni violent, ni déplacé. Il faut écrire de façon à ce que celui qui prie se réjouisse dans son cœur, ou qu'il pleure, et que sa raison tressaille et tremble. Il y a dans la cantilène de la Mère de Dieu : « Réjouis-toi, ô toi qui es inaccessible aux peines humaines ; réjouis-toi, ô toi qu'on ne peut voir que par les yeux des anges ! » Il est dit dans un des passages de cette louange : « Réjouis-toi, arbre au fruit lumineux dont les fidèles

[1] L'*ikos* est la partie de l'*acathiste* particulièrement consacrée à la louange du saint ; elle est plus développée que le *kondak* et alterne avec lui. (NDT)

se nourrissent ; réjouis-toi, arbre aux feuilles dont l'ombre sainte couvre des multitudes ! »

Iéronyme, comme s'il eût craint quelque chose ou eût honte, se cacha la figure dans ses mains et secoua la tête.

— Arbre au fruit lumineux... arbre aux feuilles dont l'ombre sainte,... murmura-t-il,... où trouver des mots pareils ?... Que le Seigneur donne une pareille faculté !... Ramasser brièvement tant de mots et d'idées, et comme tout cela est précisé et coulant ! « Lampe verse-lumière... » est-il dit dans l'office du Très doux Jésus. « Verse-lumière ! » Il ne se trouve de pareil mot ni dans les livres, ni sur les lèvres humaines : l'auteur l'a donc inventé ; il l'a trouvé dans son esprit ! Outre la fluidité et le bien-dire, il faut que chaque ligne soit ornée de toute manière, qu'il y ait des fleurs, des éclairs, du vent, du soleil et tous les objets du monde visible. Et il faut placer toute exclamation de façon à ce qu'elle soit coulante et douce à l'oreille : « Réjouis-toi, lis fleurissant du paradis !... » est-il dit dans la cantilène de Nicolas le Thaumaturge. Il n'est pas dit simplement « lis du paradis », mais « lis fleurissant du paradis ». C'est plus coulant et plus suave à l'oreille. C'est justement ainsi qu'écrivait Nicolaï ! Exactement comme ça ! Je ne puis même pas vous dire comme il écrivait !

— Oui, dis-je, en ce cas, il est dommage qu'il soit mort. Tout de même, l'ami, avançons, ou nous serons en retard... »

Iéronyme se reprit et courut au câble. Sur la rive, toutes les cloches commençaient à carillonner. C'était probablement la procession autour du monastère, parce que, maintenant, tout l'espace obscur, derrière les tonneaux goudronnés, était plein de feux mouvants.

« Nicolaï a-t-il imprimé ses cantilènes ? demandai-je à Iéronyme.

— Où donc les aurait-il imprimées ? soupira le moine. Il eût même été étrange de les faire imprimer ! À quoi bon ? Personne, dans notre monastère, ne s'y intéresse. On n'aime pas ça. On savait que Nicolaï écrivait ; mais on n'y faisait pas attention. Aujourd'hui, monsieur, nul ne prise les nouveaux écrits.

— On a de la prévention contre eux ?

— Précisément. Si Nicolaï eût été un solitaire, nos pères auraient peut-être eu la curiosité de savoir ; mais il n'avait pas encore quarante ans. Certains frères le raillaient et regardaient même ses écrits comme un péché.

— Pourquoi donc écrivait-il ?

— Pour rien ; surtout pour sa consolation. Seul de tous les moines, je lisais ses œuvres. J'allais chez lui en cachette, et il était heureux que je m'y intéresse. Il m'accablait, me caressait la tête, m'appelait de mots tendres, comme un petit enfant. Il fermait sa cellule, me faisait asseoir auprès de lui, et se mettait à lire, à lire…

Iéronyme abandonna le câble et s'approcha de moi.

— Nous étions en quelque sorte des amis, lui et moi, murmura-t-il en me regardant avec des yeux brillants. Où il allait, j'allais ; quand j'étais absent, il s'ennuyait. Il me préférait à tous. Tout cela, parce que ses cantilènes me faisaient pleurer. Il est touchant de se le rappeler ! Maintenant je suis comme un orphelin ou une veuve. Voyez-vous, dans notre monastère tout le monde est bon, compatissant, pieux ; mais… personne n'y a de douceur, de délicatesse, comme il arrive parmi les gens de simple condition… Tous parlent haut, font du bruit en marchant, sont bruyants, toussent, tandis que Nicolaï parlait toujours doucement, d'un ton caressant, et s'il voyait quelqu'un dormir ou prier, il passait devant lui sans faire plus de bruit qu'une mouche ou un moustique. Son visage était doux, compatissant… »

Iéronyme soupira profondément et reprit le câble. Nous approchions de la rive. Sortant de l'obscurité, nous entrions peu à peu dans un royaume enchanté, plein de fumée suffocante, de lumière crépitante et de bruit. On voyait déjà nettement les gens s'agiter près des tonneaux enduits de résine. Le jeu de la flamme donnait à leurs figures et à leur corps rouges une expression étrange presque fantastique. Parfois entre les têtes et les figures, des têtes de chevaux immobiles apparaissaient, comme fondus dans du cuivre rouge.

« On va chanter à l'instant l'office de Pâques… dit Iéronyme. Et maintenant que Nicolaï n'est plus, personne ne le comprendra à fond… Aucun écrit n'était pour lui plus suave que cet office. Il avait l'air d'en pénétrer chaque mot. Vous allez y être, monsieur, et si vous comprenez bien ce qu'on chante, vous en serez transporté.

— Est-ce que vous ne serez pas à l'église ?

— Je ne peux pas, monsieur… Il faut faire le passage…

— On ne vous remplacera pas ?

— Je ne sais… On aurait dû me remplacer vers dix heures, et, vous le voyez, on ne le fait pas… Et je dois l'avouer, j'aurais bien voulu aller à l'église !…

— Vous êtes moine ?

— Oui, monsieur… c'est-à-dire, je suis novice. »

Le bac buta contre la rive et s'arrêta. Je payai les cinq kopeks à Iéronyme et sautai à terre… À l'instant une charrette grinçante, conduite par un petit garçon, avec une femme qui dormait, embarqua. Iéronyme, faiblement coloré par les feux, pesa sur le câble, se courba et démarra.

Je fis quelques pas dans la boue, mais ensuite je marchai sur un sentier doux, nouvellement battu. Le sentier conduisait à la grande porte du monastère, toute noire, semblable à un gouffre. On apercevait à travers des nuages de fumée une foule désordonnée, des chevaux dételés, des charrettes, des voitures. Tout cela grinçait, hennissait, riait, et était recouvert par moments d'une lueur pourpre ou des ombres mouvantes de la fumée… C'était un vrai chaos. Et dans ce brouhaha on trouvait encore la place de tirer un petit canon et de vendre des pains d'épices.

Au delà du mur, dans l'enceinte, une cohue non moins grande se pressait, mais on y observait plus d'ordre et de décence. On y sentait une odeur de genévrier et de benjoin. On parlait haut, mais il n'y avait, comme dehors, ni rires, ni hennissements. Près des monuments funèbres et des croix, des gens s'appuyaient l'un à l'autre, tenant des pains de Pâques et des paquets. Visiblement beaucoup d'entre eux étaient venus de loin pour faire bénir leurs pains, et étaient fatigués. Sur les dalles de fonte, formant passage de la grande porte du couvent à la porte de l'église, de jeunes novices, affairés, couraient en faisant sonner leurs bottes. Sur le clocher, on se démenait et on criait.

« Quelle nuit agitée ! me dis-je. Que c'est beau ! »

On aurait voulu que toute la nature, à commencer par l'obscurité de la nuit et à finir par les dalles en fonte, les croix des tombes, et les arbres, sous lesquels les gens grouillaient, fût agitée et ne dormît pas. Mais nulle part l'excitation et le mouvement ne s'exprimaient aussi fortement que dans l'église. À l'entrée se livrait l'incessant combat du flux et du reflux. Les uns entraient, d'autres sortaient et revenaient bientôt pour rester un peu, et remuer de nouveau. Les gens passaient d'un endroit à un autre, flânant, et semblant chercher quelque chose.

Une vague partait de l'entrée et parcourait toute l'église, agitant même les premiers rangs, où se trouvent les gens posés et rassis. Il ne peut être question de prière recueillie ; on ne prie pas du tout. Il n'y a qu'une joie continue, enfantine, irraisonnée, qui ne cherche qu'un prétexte pour se faire jour et se décharger en un mouvement quelconque, ne fût-ce qu'un va-et-vient, un branle et une bousculade sans merci.

La même fébrilité se remarque jusque dans le service pascal. La porte centrale des iconostases de tous les autels est grande ouverte ; d'épais nuages de fumée d'encens flottent dans l'air près des lampadaires. Où que l'on regarde, partout des lumières, des reflets, des crépitements de cierges !... On ne fait, cette nuit-là, aucune lecture ; jusqu'à la fin, le chant affairé et joyeux ne cesse pas. Après chaque hymne du Canon, le clergé change de chasuble et sort pour encenser les fidèles ; et cela se répète presque toutes les dix minutes.

Je n'eus pas le temps d'occuper une place qu'une vague déferla du haut de l'église et me rejeta en arrière. Un diacre, grand et corpulent, passa devant moi, tenant un long cierge rouge ; un archimandrite tout blanc, à mitre dorée, le suivait hâtivement, tenant un encensoir. Quand on ne les vit plus, la foule me rejeta à ma place précédente. Mais dix minutes ne s'étaient pas écoulées, qu'une vague nouvelle se précipita, et que le diacre apparut à nouveau. Cette fois, le Père sous-prieur le suivait, celui-là même qui, au dire de Iéronyme, avait écrit l'histoire du monastère.

Fondu dans la foule et gagné par l'allégresse générale, je portai infiniment peine pour Iéronyme. Pourquoi ne pas le faire remplacer ?

Pourquoi ne pas envoyer au bac quelqu'un de moins sensible, de moins impressionnable ?

Dans le chœur on chantait : « Lève autour de toi tes yeux, Sion, et contemple... Aujourd'hui sont venus vers toi tes enfants, de l'Occident et du Septentrion et de la mer et de l'Orient, comme vers un astre éclairé de Dieu !... »

Je regardai les visages. Sur tous, il y avait une vivante expression de triomphe ; mais pas un être n'écoutait ce qu'on chantait et ne s'en pénétrait ; personne « n'en était transporté »...

Pourquoi ne remplaçait-on pas Iéronyme ? Je pouvais me le figurer humble et debout quelque part près d'un des murs, incliné et saisissant avidement la beauté d'une phrase sacrée. Tout ne faisait qu'effleurer l'ouïe des gens qui étaient maintenant devant moi ; son âme fine l'eût absorbée avidement. Il s'en serait enivré jusqu'à l'extase, jusqu'au transport, et il n'y aurait pas eu dans le temple d'homme plus heureux que lui. Cependant il voguait à présent d'une rive à l'autre sur la rivière noire, et il songeait avec affliction à son frère et ami défunt.

Une vague roula derrière moi. Un moine replet, souriant, égrenant son chapelet, se glissa de flanc auprès de moi, frayant le passage à une dame en chapeau et pelisse de velours. Un novice la suivait, portant au-dessus de nos têtes une chaise.

Je sortis de l'église. Je voulus voir Nicolaï mort, cet obscur auteur de cantilènes. Je suivis la clôture, au long du mur que bordait la rangée des cellules des moines. Ayant regardé par plusieurs fenêtres et ne voyant rien, je revins. Maintenant, je ne regrette pas de ne pas avoir vu Nicolaï. Dieu le sait, si je l'avais vu, peut-être eussé-je perdu l'image que me dessine mon imagination ! Cet homme poétique et sympathique qui sortait la nuit pour appeler Iéronyme et qui, solitaire et incompris, semait ses compositions de fleurs, d'étoiles et de rayons de soleil, je me le représente timide, pâle, avec des traits doux, mélancoliques, remplis de mansuétude. Dans ses yeux devaient luire, avec l'esprit, la tendresse et cette exaltation enfantine à peine contenue, qui se sentait dans la voix du novice quand celui-ci me récitait des passages de cantilènes.

Il n'était plus nuit quand nous sortîmes de l'église. L'aube commençait. Les étoiles étaient éteintes, et le ciel couvert paraissait gris-bleu. Les plaques de fonte, les monuments et les bourgeons des arbres étaient revêtus de rosée. On sentait une vive fraîcheur. Il n'y avait plus dans l'enceinte du monastère l'animation de la nuit. Les chevaux et les gens semblaient fatigués, endormis ; ils bougeaient à peine. Il ne restait, des tonneaux goudronnés, que des tas de cendres noires.

Quand l'homme est fatigué et veut dormir, il lui semble que la nature passe par le même état. Il me semblait que les arbres et que l'herbe nouvelle dormaient. Il semblait que même les cloches ne sonnaient plus aussi fort et aussi joyeusement que la nuit. L'agitation avait cessé, et, de l'excitation, il ne restait qu'une lassitude agréable, un besoin de sommeil et de chaleur.

Je pouvais voir maintenant les deux rives de la rivière. Çà et là, au-dessus d'elle, pareil à des collines glissait un léger brouillard. Du froid et de l'humidité venait de l'eau. Quand j'entrai dans le bac, une briska s'y trouvait déjà, ainsi qu'une vingtaine d'hommes et de femmes. Le câble, humide, et, me semblait-il, endormi, s'allongeait au-dessus de la large rivière et disparaissait par endroits dans le brouillard.

« Le Christ est ressuscité !... Plus personne ? » demanda une voix douce.

Je reconnus la voix de Iéronyme. La nuit ne m'empêchait plus d'examiner le moine. C'était un homme d'environ trente-cinq ans, grand, étroit d'épaules, avec de gros traits arrondis, une barbe pointue, des yeux mi-clos qui regardaient paresseusement. Il avait l'air extraordinairement triste et fatigué.

« On ne vous a pas encore remplacé ? lui demandai-je.

— Moi, monsieur ? repartit-il en souriant, tournant vers moi sa figure humide de rosée.

« Il n'y a personne à présent pour me remplacer jusqu'au matin. Tout le monde va aller à l'instant rompre le jeûne chez le Père archimandrite. »

Aidé d'un petit moujik à bonnet de fourrure rousse, ressemblant à ces boîtes en écorce de tilleul dans lesquelles on vend le miel, il se pencha sur le câble. Les deux hommes geignirent en même temps et le bac démarra.

Nous avançâmes, dérangeant sur notre route le brouillard qui se levait paresseusement. Tout le monde se taisait. Iéronyme tirait machinalement d'une seule main. Il promena longtemps sur nous ses yeux ternes et doux, puis son regard s'arrêta sur le visage rose, à sourcils noirs, d'une jeune marchande qui était auprès de moi, se ratatinant en silence à cause du brouillard qui l'enveloppait. Il ne détacha pas d'elle les yeux pendant tout le passage. Il y avait peu de virilité dans ce regard prolongé. Il me sembla que Iéronyme cherchait sur la figure de la femme les traits fins et doux de son ami défunt.

1886.

Trad. Denis Roche, Plon, 1925.
« Seule traduction autorisée par l'auteur »

Le diable et les œufs de Pâques

(adapté d'un conte traditionnel)

Dimitri habitait une petite isba perdue au milieu des bois. Aucun bruit ne trahissait sa présence, aucun chemin ne semblait y mener. Pour s'y rendre l'hiver, il fallait suivre un sentier escarpé recouvert de neige et, dès l'apparition des premiers beaux jours, se frayer un passage entre les pierres disjointes, les ronces, et les branches. Le visiteur la découvrait alors, d'une blancheur vacillant sous les ombres des bouleaux qui dessinaient sur elle de tremblantes arabesques.

Au printemps, lorsque la terre s'était débarrassée de son linceul glacé, que les bourgeons perçaient l'écorce des tilleuls, Dimitri faisait de longues promenades. Il traversait les prairies, flânait le long des lacs dont les eaux bleues et limpides se ridaient doucement en reflétant la douce clarté du soleil. Ni les éléments, ni les obstacles, ni les dangers ne parvenaient à modérer sa joie. À sa vue, les animaux accouraient, se pressaient, les arbres inclinaient leurs branches, les plantes s'écartaient pour le laisser passer et les fleurs ouvraient leur corolle pour le saluer.

« Salut à toi, Dimitri, soupiraient les arbres et les plantes.

— Louange à toi, saint homme, murmuraient les petites fleurs.

— Ta présence nous honore », ajoutaient les animaux.

Autour de lui, dans une grande effervescence, on entendait des chuchotements, des bruissements d'ailes.

Lorsque la semaine sainte commençait, pour remercier Dieu de ses bienfaits, il aimait, au détour des chemins, s'agenouiller et réciter de ferventes prières :

« Seigneur, en ce jour où le Christ notre Sauveur a été immolé, il est juste de Te glorifier. En mourant sur la croix, Ton Fils a détruit la mort ; en ressuscitant, Il nous a rendus à la vie ! »

Mais inéluctablement, la bête des ténèbres le visitait et tentait de le corrompre. Elle lui tenait des propos trompeurs avec une éloquence qui donnait aux pires mensonges un air de vérité.

Un jour, elle se fit plus sournoise qu'à l'accoutumée. Travestie en pope, elle s'avança vers lui. Des ornements sacerdotaux aux couleurs vives et brillantes, rehaussés d'or, accompagnaient sa barbe et ses longs cheveux. Dimitri détourna son regard du malin qu'il avait immédiatement reconnu. Malgré les apparences, celui-ci ne pouvait se défaire de son effrayante odeur de soufre.

Le saint homme se mit à prier : « Seigneur, Toi qui montres aux égarés la lumière de la vérité, délivre-moi de la présence du malin, aide-moi à rejeter ce qui est indigne de Toi pour mieux Te rendre grâce ! »

Immobile, le front dans les mains il cherchait le meilleur moyen de se libérer de son encombrant solliciteur.

« Que radotes-tu encore, Dimitri ? lui dit l'autre. Laisse les prières aux popes, la solitude aux ascètes et les endroits perdus aux ermites...

— Je rends hommage au Christ qui s'est sacrifié pour racheter nos fautes, continua le saint homme.

— Balivernes, hurla le diable. Arrête ce prêchi-prêcha. Ton destin n'est pas de me fuir, mais de te soumettre à ma volonté. Chaque créature, ici bas, vit dans un élément qui lui convient. Le soleil est aux fleurs ce que le ciel et l'espace sont aux oiseaux et la mer aux poissons.

Le tien est d'être comblé d'or et de gloire. Accepte-le sans me contrarier, et tu savoureras tous les plaisirs de ce monde ! »

Un instant, la douce clarté du ciel parut se dissiper. À l'horizon s'éleva une lueur, faible d'abord, mais peu à peu elle se trahit par de vifs éclats. Des flammes rayonnèrent au-dessus des nuages, passant d'un jaune pâle au violet clair. De ce foyer lumineux s'échappa un éclair éblouissant. Des météores blancs sillonnèrent les nues mais la foudre resta muette et les éclairs sans chaleur. Puis l'orage magnétique prit fin et la lumière azurée du ciel régna de nouveau.

Dimitri n'accorda aucune attention à ces manifestations démoniaques. Il laissa son ennemi virevolter autour de lui. Devant son inertie, le diable persuadé avoir gagné la partie se glissa devant lui.

Dimitri contre toute attente se redressa et le scruta d'un regard pénétrant. Il leva le bras et fit le signe de croix sur le front du malin.

La terre d'un seul coup s'anima. Les herbes se penchèrent le long du chemin, les fleurs resplendirent, les insectes bourdonnèrent et les oiseaux vinrent boire l'eau claire des ruisseaux. Le faux pope chancela, précipité à terre par une force invisible, secoué de spasmes. Un pâle rictus apparut sur ses lèvres. Marqué par le signe de croix, il s'affola puis se résigna : d'après sa loi il devait désormais servir le saint homme durant trois ans.

« Prince des démons ! lui lança Dimitri, je vais te confier ta première tâche. Puisque la commémoration pascale a commencé, je te charge dès maintenant de t'appliquer à notre ancienne tradition : sur la table de ma maison tu trouveras quelques œufs. Peins-les en rouge et emporte-les à l'église du village afin que le pope les bénisse. À ton retour, tu déposeras le plus beau devant l'icône de la maison et les autres aux quatre coins de la pièce. Ainsi, tu écarteras de ma demeure les forces maléfiques que tu m'envoies régulièrement pour me harceler. Qui, mieux que toi, peut accomplir cette belle action ? »

La Princesse-grenouille

(adapté d'un conte populaire)

C'était en des temps très anciens en un royaume perdu de Tartarie.

Un roi et une reine vivaient avec leurs trois fils, jeunes, vaillants, bien faits de leur personne, et si braves que la bouche ne peut le dire, la plume ne peut l'écrire. Le plus jeune des trois s'appelait le prince Ivan.

Leur père, un jour, décida de les réunir et leur dit :

« Mes cher fils ! Le temps est venu de vous marier. Que chacun de vous bande son arc et envoie une flèche dans une direction différente. Là où le trait tombera, le destin vous attendra : vous choisirez comme épouse la fille du propriétaire de cette terre et y célébrerez vos noces. »

L'aîné tira sa flèche. Elle tomba dans la cour d'un boyard près de la fenêtre de sa fille. Le cadet lança la sienne dans les jardins d'un riche marchand, à deux pas de la fille de ce dernier. Le troisième, le benjamin, décocha la corde de son arc et sa flèche alla se perdre au milieu d'un marais recouvert de vase. Le hasard voulut que Kvakouchka, la grenouille, la repêcha.

Après une longue marche, le prince Ivan repéra la commère tenant la flèche entre ses pattes.

« Rends-moi ma flèche, coasseuse ! Comment pourrais-je t'épouser ? Tu n'es qu'une grenouille indigne de mon rang ! »

Le roi informé de cette mésaventure ne voulait pas démordre de sa décision :

« Tu épouseras Kvakouchka quand même, lui dit-il. Le sort te l'a désignée : tel est ton destin ! »

Les trois princes convolèrent en justes noces. L'aîné épousa la fille du boyard, le cadet celle du marchand et le benjamin, la mort dans l'âme, la grenouille.

Le temps s'écoula. Un matin, le roi convoqua ses fils :

« Je souhaite que vos épouses me pétrissent un pain blanc et croustillant. Allez les quérir, et qu'elles se mettent rapidement à la tâche. »

Consterné, le prince Ivan retourna à son palais.

« Pourquoi es-tu si triste ? murmura la grenouille en le voyant. Ton père t'a-t-il fait des remontrances ? L'as-tu agacé ? Vous êtes-vous fâchés ? »

La mine triste, Ivan la regarda.

« Mon père t'a ordonné de pétrir un pain.

— Ne soit pas soucieux, mon prince. Repose-toi. La nuit porte conseil. »

Ivan décida de s'allonger et s'endormit.

La grenouille, par enchantement, ôta sa peau, prit l'apparence de la princesse Vassilissa-la-très-sage et revêtit une superbe robe. Elle sortit sur le perron et appela :

« Venez, petites fées, venez m'aider. Apportez tout ce qu'il faut pour pétrir un bon pain blanc, comme ceux que j'aimais jadis lorsque j'étais enfant ! »

À son réveil, le jeune prince sentit l'odeur du pain encore chaud et croustillant posé sur une table. Il était si extraordinaire que la croûte représentait, en jolis motifs sculptés, le palais du roi avec ses pièces et ses salles de réception.

En le regardant, le roi remercia son fils, et formula une autre demande :

« Que chacune de vos femmes, exigea-t-il, me tisse un tapis, et ce, en une seule nuit ! »

Une nouvelle angoisse gagna le prince Ivan. Il rapporta à la grenouille l'ordre de son père.

« Ne sois pas inquiet. Retourne te reposer. Je vais aviser et affronter ce travail », dit-elle.

En une fraction de seconde, elle reprit l'apparence de la belle Vassilissa. Elle sortit du palais et s'adressa au maître des vents :

« Que ton souffle puissant me ramène le tapis sur lequel je m'asseyais toute petite dans la maison de mon père ! »

Un éclair fracassa les nuages, et l'on vit flotter dans les airs un somptueux tapis. Avec délicatesse il se posa devant Vassilissa. Elle le roula et le plaça près du lit de son prince.

À l'aube, Ivan s'éveilla et n'en crut pas ses yeux : la grenouille Kvakouchka siégeait sur un tapis étincelant d'or et d'argent brodé de figures exquises.

Ivan ordonna à ses gardes de le montrer à son père.

Ravi, le roi demanda à ses trois fils d'assister le lendemain, avec leurs épouses, à la grande fête célébrant le retour du printemps.

Le prince, à nouveau, se sentit anéanti.

La nuit, incapable de trouver le sommeil, il imaginait ses deux belles-sœurs couvertes de dentelles, de bijoux, paradant devant les membres de la cour, tandis que la malheureuse grenouille, son épouse, sautillait sous les quolibets de l'assistance.

La voix de Kvakouchka le sortit de sa torpeur :

« Ne te laisse pas gagner par ses futiles tourments, s'exclama-t-elle. Rends-toi chez le roi. Je t'y retrouverai bientôt. Un coup de tonnerre annoncera mon arrivée. “C'est Kvakouchka, diras-tu alors, elle arrive dans son grand coffre !” »

Le prince Ivan prit place auprès de ses frères dans le grand salon. Auprès d'eux, leurs femmes se pavanaient en grand apparat. Moqueurs, l'aîné et le cadet ne purent s'empêcher de demander :

« Où se cache ta grenouille ? Tu aurais dû nous l'amener, ta beauté, nichée au creux d'une de tes poches… »

Soudain, le ciel s'obscurcit et le tonnerre gronda, ébranlant les murs du palais. Pris d'épouvante, les participants à la fête se sauvèrent courant çà et là en tous sens.

« Calmez-vous ! hurla Ivan, ne craignez rien, ma petite grenouille vient d'arriver ! »

Tiré par six chevaux blancs harnachés d'or, un magnifique carrosse s'avança. Vassilissa-la-très-sage, radieuse, en descendit.

Une rumeur d'admiration parcourut l'assemblée.

Ni les vers d'un poète ni la palette d'un peintre ne pouvaient donner une idée de sa beauté. Elle était grande avec un port de déesse. Ses cheveux, d'un blond doré, coulaient sur ses tempes comme deux rivières lumineuses. Sous son front d'une blancheur transparente se dessinaient les arcs de ses sourcils presque bruns qui surlignaient deux yeux clairs, à la fois vifs et doux. Deux petites fossettes se creusaient à chaque inflexion de sa bouche, dans le satin rose de ses adorables joues.

Elle s'approcha d'Ivan ébloui, lui prit le bras, et l'entraîna vers la grande table avec entrain ; les convives stupéfaits se mirent à boire et à manger. Vassilissa but une coupe et offrit en libation les dernières gouttes. Elle goûta la chair d'un cygne et en dissimula dans le parement de sa manche droite quelques restes. Les belles-sœurs d'Ivan, intriguées, remarquèrent ce fait et l'imitèrent.

Le soir même, Ivan et Vassilissa ouvrirent le grand bal auquel le roi avait convié ses invités. Tout en dansant, Vassilissa fit un geste de la main et un merveilleux lac scintilla à l'horizon. Elle en fit un autre et des cygnes blancs apparurent au fil de l'eau, émerveillant l'assemblée.

Les épouses des deux autres princes voulurent en faire de même. De la main gauche elles aspergèrent la foule qui les entourait, provoquant des mécontentements, et de la main droite elles expédièrent négligemment dans l'air quelques fragments de chair de cygne, dont un dans l'œil du roi.

Excédé le monarque les chassa de son palais.

De retour, le prince Ivan aperçut par hasard dans la chambre la peau de grenouille qui lui semblait désormais un lointain souvenir. Croyant bien faire, il la jeta dans la cheminée. Dans l'âtre, des flammes vives et tourbillonnantes la consumèrent rapidement. La princesse arriva et se désespéra :

« Qu'as-tu fait, prince Ivan, qu'as-tu fait ! Si tu avais eu la patience d'attendre encore trois jours, j'aurais été à toi pour toujours, tandis qu'à présent je dois te dire adieu ! Il te faudra me chercher au-delà des terres et des mers à travers trente pays, user trois paires de bottes à semelles de fer ! »

Vassilissa se transforma en un beau cygne blanc et s'envola par la fenêtre.

Ivan versa des larmes, puis s'inclina vers les quatre côtés de l'horizon en priant Dieu. Il s'en alla droit devant lui, chaussé de bottes à semelles de fer. Durant des heures il traversa des champs, des bois, des rivières, usant ses semelles, déchirant sa tunique. Il rencontra alors un vieillard au bord d'un chemin.

« Bonjour, jeune homme, lui dit-il. Que cherches-tu, où vas-tu ? »

Le prince lui conta ses malheurs.

« Eh, prince Ivan, pourquoi as-tu brûlé la peau de grenouille ? Ce n'était pas toi qui la portais, ce n'était donc pas à toi de la faire disparaître. Vassilissa-la-très sage, dès sa naissance, se montra plus maligne que son père, c'est la raison pour laquelle, fâché contre elle, il l'avait contrainte à devenir grenouille trois années durant. Écoute-moi. Tu vas prendre cette pelote, et tu la suivras partout où elle roulera ! »

Le prince Ivan salua le vieillard et suivit la pelote.

De longues journées s'écoulèrent. Il marchait, harassé de fatigue, affrontant les caprices du temps. Parfois il tombait tant de pluie que les chemins creux étaient comme le lit d'un torrent. La pelote l'attira à l'orée d'un bois devant une étrange isba, dressée sur des pattes de poule. Ivan se douta que cette étrange demeure ne pouvait-être que l'antre de Baba Yaga, la sorcière ; approchant, il lui demanda de se tourner vers lui. Elle descendit à son niveau et ouvrit sa porte. Il entra dans l'isba. Une vieille femme assise sur un banc vociféra : « Ça sent la chaire russe, par ici ! » Le toisant d'un regard menaçant elle lui fit signe, de sa main pâle, étoilée de bagues, de s'approcher.

« Depuis des temps reculés, je n'ai vu ici âme qui vive ! lança-t-elle d'une voix chevrotante. Pourquoi jeune prince, viens-tu troubler ma solitude ? As-tu donc résolu de mourir ?

— Ah, sorcière ! Sers-moi à boire et à manger, prépare-moi un bain, et nous parlerons ensuite ! »

Baba Yaga lui servit à boire et à manger, et après le bain raconta sa mésaventure.

« Je t'ai laissé parler, prince Ivan, mais sache que ton histoire m'a déjà été rapportée. Dans le monde auquel j'appartiens, tout se sait. Tu vas devoir vaincre un sortilège que seul le père de Vassilissa peut dénouer. Ton épouse est dans un œuf, l'œuf dans une cane, la cane dans un lièvre, le lièvre dans un coffre de pierre et le coffre a été placé en haut d'un chêne que son père surveille en permanence. Je vais t'expliquer où se trouve le chêne, c'est tout ce que je peux faire pour toi ! »

Lorsqu'Ivan quitta Baba Yaga, la nuit était tombée. Une bise âcre, chargée de particules glacées, lui fouetta le visage. En s'éloignant, le prince regarda une dernière fois la maisonnette de la sorcière. Elle paraissait entourée d'une auréole rougeâtre. De ses fenêtres s'échappaient quelques filets de lumière.

Tenant compte des indications de Baba Yaga, le prince, le lendemain, arriva devant le chêne. Il repéra le coffre, et se demanda comment il allait pouvoir l'atteindre.

Au même instant, un ours surgit on ne sait d'où.

Il surprit Ivan. Tandis que le prince cherchait un abri, l'ursidé déracina le chêne, entraînant dans sa chute le coffre qui se brisa.

Apeuré, un lièvre en sortit. D'un coup de patte, l'ours le mit en pièces.

Une cane émergea du lièvre et prit son envol. Un canard sauvage, témoin de la scène, s'élança à son tour vers le ciel, percutant la cane qui laissa tomber un œuf et l'œuf alla se perdre dans les eaux du lac voisin…

Ivan se désespéra : comment retrouver un œuf dans un lac ?

Dépité, il se rendit près de la berge en pleurant.

C'est alors qu'un poisson argenté nagea vers lui, l'œuf entre les dents.

Ivan le saisit, le cassa, et apparut Vassilissa-la-très-sage :

« Ah, mon prince, tu as mis du temps à venir !

Mon père, dorénavant, ne pourra plus me métamorphoser en grenouille, ton amour a vaincu sa haine ! »

Ils s'embrassèrent, s'assirent sur un tapis enchanté qui les transporta au palais du roi, heureux de revoir son fils.

En son honneur, et pour célébrer le retour de Vassilissa-la-très-sage, furent organisées de somptueuses fêtes.

À la mort de son père, le prince Ivan hérita de ses biens et conformément à ses désirs, régna sur le royaume avec la belle et sage princesse, son épouse.

Les auteurs

Le poète **Alexandre Sergeïevitch Pouchkine** est né à Moscou en 1799 d'un membre de la haute noblesse et d'une Éthiopienne, descendante d'otages rachetés aux Turcs par Pierre le Grand. Après ses études au lycée de Tsarskoïe Selo, il devient fonctionnaire impérial.

Parmi ses œuvres les plus marquantes, citons *Rouslan et Ludmila* (1817-1820), *Boris Godounov* (1825), un drame historique, *Eugène Onéguine,* un roman en vers où il met en scène un personnage mondain sceptique et immoral, et des nouvelles dont *La Dame de pique* (1834) et *La Fille du Capitaine* (1836).

Il meurt à Saint-Pétersbourg en 1837 dans un duel au pistolet, tué par le Français Georges d'Anthès, qui courtisait sa femme Natalia Gontcharova.

*

Fiodor Mikhaïlovitch Dostoïevski est né en en 1821 à Moscou. Il fait ses études à l'école des ingénieurs de Saint-Pétersbourg. Il a dix-huit ans lorsqu'il apprend que son père a été assassiné sur son domaine de Daravoïé par des moujiks. Seul, démuni, il survit en faisant des traductions et se lance dans l'écriture en 1846, en faisant publier *Les Pauvres Gens*, puis *Le Diable* et *Cœur faible*.

La politique libérale qu'il défend lui vaut l'emprisonnement et la condamnation à mort en 1849. Gracié quelques minutes avant son exécution, il part en déportation en Sibérie ; malade, épileptique, il revient à Saint-Pétersbourg et fait paraître *Stépantchikovo et ses habitants* et *Le Songe de l'oncle* (1859). En 1864, il décrit l'enfer du bagne dans *Mémoires écrits dans un souterrain*. Criblé de dettes, au cœur de la désespérance, il perd son épouse, son frère et se consacre totalement à son œuvre. Il publie *Crime et châtiment* (1866) ; *L'Idiot* (1868) ; *Les Possédés* (1870). Fuyant les créanciers, il part avec sa nouvelle épouse Anna Grigorievna en Allemagne, en Suisse, en Italie. En 1879-1880, il écrit *Les Frères Karamazov*.

L'ensemble de ses romans se caractérise par l'acuité des analyses psychologiques. Dostoïevski a l'art d'unir l'expérience humaine et mystique à l'exploration du subconscient et du rêve. Il meurt en pleine gloire en 1881, d'une rupture d'anévrisme, à Saint-Pétersbourg.

*

Lev (Léon en français) **Tolstoï** voit le jour en 1848, à Iasnaïa Poliana. Issu d'une famille aisée, il s'engage dans l'armée et participe à la défense de Sébastopol. En 1856, il publie *Étapes d'une vie*, puis entreprend un voyage en Europe. À son retour, il épouse Sofia Andreïev Behrs, et écrit *Les Cosaques* (1863), *Récits de Sébastopol* (1868), *Guerre et Paix* (1865-1877) œuvre qui le rend célèbre à travers le monde.

En perpétuel conflit avec la société qui l'entoure, il dénonce l'absurdité de la vie et de la passion avec *Anna Karénine* (1876-1877), *Confession* (1882), *la Sonate à Kreutzer* (1888). Il veut renoncer à ses biens, organise des actions philanthropiques et souhaite embrasser la vie monastique avant d'être excommunié par le Saint-Synode. Il incarne alors les aspirations de la jeunesse russe.

Souffrant de pneumonie, il est pris d'un malaise dans la gare d'Astapovo où il décède en 1910.

*

Anton Pavlovitch Tchékhov voit le jour en 1860 au sein d'une famille ruinée, à Taganrov. Fils d'un pauvre épicier, il survit tant bien que mal à quatorze ans, en exerçant les fonctions de répétiteur dans une famille bourgeoise. Il commence sa médecine en 1881, gagne sa vie comme journaliste et devient médecin d'hôpital en 1886. Il aide les siens grâce à sa plume qui lui rapporte 68 kopecks la ligne…

Remarqué, il publie tour à tour des nouvelles : *La Steppe* (1888), *Le Moine noir* (1894), des pièces de théâtre : *La Mouette* (1896), *Oncle Vania* (1899), *Trois Sœurs* (1901), *La Cerisaie* (1903). Il se lie avec l'actrice Olga Knipper, l'une des interprètes de *La Mouette*, avec laquelle il se marie en 1901.

Dans son œuvre, il mêle le tragique au ridicule, le profond à la moquerie : « Plus le fond sera gris et terne, mieux cela vaudra » écrit-il.

La tuberculose, qui le consume, l'emporte en 1904, à quarante-quatre ans, à Badenweiler en Allemagne.

*

Fils d'une princesse tatare et d'un fonctionnaire de province, **Alexandre Kouprine** naît le 7 septembre 1870 à Narovtchat, oblast de Penza. Aviateur, explorateur, aventurier, « Kipling russe » selon Vladimir Nabokov, il exerce de nombreuses occupations qui le mènent du journalisme au monde du cirque, de la médecine au chant d'église…

En 1905 il publie *Le Duel*, œuvre appréciée par Tolstoï, Tchékhov, Gorki. Il redoute le bolchevisme et quitte en 1919 la région de Petrograd pour Paris, où il s'installe durant dix-sept ans et sombre dans l'alcoolisme. Il retourne au printemps 1938 en URSS pour y mourir. Il repose à Saint-Pétersbourg, au cimetière Volkovo.

*

Table des matières

Achevé d'imprimer
le 8 mars 2017
en la fête de saint Jean de Dieu

par la Société Acort Europe
www.cogetefi.com
pour le compte des Éditions
VIA ROMANA

Dépôt légal à parution
Imprimé en France